FAO中文出版计划项目丛书

联合国粮食及农业组织畜牧生产及动物卫生手册24

饲料工业良好规范手册：

实施《国际食品法典——动物饲养良好规范》

联合国粮食及农业组织
国际饲料工业联合会　编著

王　栋　王志伟　李卫华　等　译

中国农业出版社
联合国粮食及农业组织
国际饲料工业联合会
2022·北京

引用格式要求：

粮农组织、国际饲料工业联合会和中国农业出版社。2022年。《饲料工业良好规范手册：实施〈国际食品法典——动物饲养良好规范〉》（联合国粮食及农业组织畜牧生产及动物卫生手册24）。中国北京。

15-CPP2021

本出版物原版为英文，即 *Good practices for the feed sector: Implementing the Codex Alimentarius Code of Practice on Good Animal Feeding*，由联合国粮食及农业组织于2020年出版。此中文翻译由中国动物卫生与流行病学中心安排并对翻译的准确性及质量负全部责任。如有出入，应以英文原版为准。

本信息产品中使用的名称和介绍的材料，并不意味着联合国粮食及农业组织（粮农组织）和国际饲料工业联合会对任何国家、领地、城市、地区或其当局的法律或发展状况，或对其国界或边界的划分表示任何意见。提及具体的公司或厂商产品，无论是否含有专利，并不意味着这些公司或产品得到粮农组织和国际饲料工业联合会的认可或推荐，优于未提及的其他类似公司或产品。

本信息产品中陈述的观点是作者的观点，不一定反映粮农组织的观点或政策。

ISBN 978-92-5-136827-5（粮农组织）
ISBN 978-7-109-30338-6（中国农业出版社）

©粮农组织，2020年（英文版）
©粮农组织，2022年（中文版）

保留部分权利。本作品根据署名-非商业性使用-相同方式共享3.0政府间组织许可（CC BY-NC-SA 3.0 IGO；https：//creativecommons.org/licenses/by-nc-sa/3.0/igo）公开。

根据该许可条款，本作品可被复制、再次传播和改编，以用于非商业目的，但必须恰当引用。使用本作品时不应暗示粮农组织认可任何具体的组织、产品或服务。不允许使用粮农组织标识。如对本作品进行改编，则必须获得相同或等效的知识共享许可。如翻译本作品，必须包含所要求的引用和下述免责声明："该译文并非由联合国粮食及农业组织（粮农组织）生成。粮农组织不对本翻译的内容或准确性负责。原英文版本应为权威版本。"

除非另有规定，本许可下产生的争议，如通过调解无法友好解决，则按本许可第8条之规定，通过仲裁解决。适用的调解规则为世界知识产权组织调解规则（http：//www.wipo.int/amc/en/mediation/rules），任何仲裁将遵循联合国国际贸易法委员会（贸法委）的仲裁规则进行仲裁。

第三方材料。欲再利用本作品中属于第三方的材料（如表格、图形或图片）的用户，需自行判断再利用是否需要许可，并自行向版权持有者申请许可。对任何第三方所有的材料侵权而导致的索赔风险完全由用户承担。

销售、权利和授权。粮农组织信息产品可在粮农组织网站（www.fao.org/publications）获得，也可通过 publications-sales@fao.org 购买。商业性使用的申请应递交至 www.fao.org/contact-us/licence-request。关于权利和授权的征询应递交至 copyright@fao.org。

FAO中文出版计划项目丛书

指 导 委 员 会

主　　任　隋鹏飞

副主任　倪洪兴　谢建民　韦正林　彭廷军　顾卫兵

　　　　童玉娥　李　波　苑　荣　刘爱芳

委　员　徐　明　王　静　董茉莉　朱宝颖　傅永东

FAO中文出版计划项目丛书

译审委员会

主　任　顾卫兵

副主任　罗　鸣　苑　荣　刘爱芳　徐　明　王　静

编　委　魏　梁　张夕珺　李巧巧　宋　莉　宋雨星

　　　　闫保荣　刘海涛　朱亚勤　赵　文　赵　颖

　　　　郑　君　董碧杉　黄　波　张龙豹　张落桐

　　　　曾子心　徐璐铭

本书译审名单

翻　译　王　栋　王志伟　李卫华　滕翔雁　夏晓萍

　　　　李　昕　任颖超　肖　肖　朱　琳　王媛媛

　　　　王伟涛　刘德举　贾智宁　孟　明　万玉秀

　　　　胡永新　樊晓旭　王　娟　刘俊辉　周圣铠

　　　　苏　红　王　岩

审　校　翟海华　张龙豹　李　鹏　刘　倩

序 言
PREFACE

　　过去几十年里，随着城市化进程的加快以及人们生活方式和饮食习惯的改变，世界人口的快速增长增加了人们对动物源性食品的消费需求。这一趋势在许多新兴经济体尤为明显，在这些经济体，国民人均收入的增加提高了人们对更多动物蛋白的需求。人们对畜产品的需求日益增长，这一需求主要是通过生产系统的集约化以及家禽和生猪生产转型来满足的。这两种情况都增加了动物饲料的使用量，在某些生产环境下，这是一个艰巨的挑战。

　　这一挑战在于不仅需满足日益增长的饲料需求，还需确保饲料安全。饲料安全是动物源性食品可持续生产的关键因素：它是"食品安全和人类健康"的先决条件，也是"动物健康和福利"的必要条件；它也是赢得贸易机会、创造收入和实现经济可持续发展的必要因素。事实上，饲料是食品链中不可或缺的一部分，确保饲料安全已被国际社会公认为是一种共同价值和共同责任。

　　联合国粮食及农业组织致力于帮助各成员遵守国际食品法典委员会的要求，包括饲料安全方面的相关要求，特别是相关良好农业规范和良好生产规范。这些要求的贯彻实施离不开养殖者、制造者及饲料行业所有其他利益相关者的不懈努力和积极参与。因此，私营组织和联合国粮食及农业组织等政府间组织在这方面的密切合作是实现预期效果的关键。

　　特别是在当前这样一个困难层出不穷的时期，为确保饲料安全、食品安全、食品保障和优质营养，并以此改善世界各地人民的公共福祉，联合国粮食及农业组织等政府间组织在国际上与私营部门开展合作显得比以往任何时候都更重要。业界和联合国粮食及农业组织等政府间组织必须共同努力，确保国内市场和国际贸易继续彰显公平、透明和包容，继续稳定供应粮食。尤须指出的是：我们应齐心协力，避免动物源性食品价值链遭到突发卫生事件的破坏，特别是那些能够同时影响动物与人类并对全球人口造成深远影响的突发卫生事件，例如新冠疫情。

玛丽亚·海伦娜·塞梅多（Maria Helena Semedo）

副总干事

联合国粮食及农业组织畜牧生产及动物卫生司司长

国际饲料工业联合会是全球饲料工业的代表，是食品链的重要参与者，致力于为不断增长的世界人口提供可持续、安全、营养、价廉的食品。它的目标是促进国际标准的通过和应用，从而提高饲料的安全性；它相信只有与饲料和食品链中的所有利益相关者合作，才能安全、可持续地满足人们对更多、更好的食品的需求。

更具体地说，在联合国粮食及农业组织和国际饲料工业联合会的共同努力下，出版了《饲料工业良好规范手册：实施〈国际食品法典——动物饲养良好规范〉》，这有助于实现上述目标。本手册自2010年首次发布以来，一直是生产系统积累知识和提高饲料安全的有力工具，并得到了世界许多国家的广泛认可和使用。本手册编制之初就得到了联合国粮食及农业组织、世界动物卫生组织、世界银行集团、世界卫生组织和世界贸易组织下设的"标准和贸易发展基金"的支持。毫无疑问，本手册的编制是一项艰巨的任务，但多年来的事实证明，这是一项极有价值的工作，受到了饲料行业利益相关者的热烈欢迎和大力支持。

　　本手册第二版对前版进行了全面修订、更新和扩充，介绍了饲料生产的最新发展以及最新科学技术知识带来的效益。在解决饲料及其安全问题的同时，本次修订还有助于实现畜产品价值链的良好运作。在推行"同一健康"理念方面，本手册旨在确保为人类生产并供应安全、营养和多样化的动物源性食品，同时保护环境，保障我们所关注的动物福利问题。为确保有更多需求的养殖户能够从日益繁盛的畜牧业中获益，本手册重点介绍了中小型养殖场的饲料生产问题。本手册还概述了一些新的全球性问题，如抗生素耐药性控制问题。此外，还介绍了饲料安全的作用。

　　联合国粮食及农业组织和国际饲料工业联合会都希望这本手册能够达到不断发展的饲料行业的期望值，能够继续担当生产商履行其责任的重要工具，从而确保粮食生产的可持续性，养活不断增长的世界人口。

丹尼尔·贝尔科维奇（Daniel Bercovici）
国际饲料工业联合会主席（任期：2018—2021年）

致 谢
ACKNOWLEDGEMENTS

联合国粮食及农业组织和国际饲料工业联合会在此谨向参与本手册起草、编辑、审查、评审工作的所有人员表示诚挚的感谢！

感谢国际饲料工业联合会的 Angela Pellegrino Missaglia 和 Sergio Morgulis，感谢联合国粮食及农业组织的 SilviaMorgulis，Annamaria Bruno 和 Daniela Battaglia！感谢他们参与本手册的文本起草和编辑工作！

感谢联合国粮食及农业组织、国际饲料工业联合会的成员和其他专家，感谢他们对本手册进行了审查并提供了很有价值的信息和技术知识，他们具体是：联合国粮食及农业组织的 Nacif Rihani；国际食品法典委员会秘书处的 Gracia Brisco 和 Verna Carolissen；尼日利亚国家食品和药物监督管理局（NAFDAC）的 Sabine Kruse 和 Tunde Sigbeku；尼日利亚动物科学研究所的 Harry I. Njoagwuani；国际饲料工业联合会的 Sebastian Csaki；德黑兰大学、伊朗饲料工业协会（IFIA）的 Mojtaba Zaghari；加拿大动物营养协会（ANAC）的 My－Lien Bosch；欧洲饲料厂联合会（FEFAC）的 Arnaud Bouxin；美国饲料工业协会（AFIA）的 Louise H. Calderwood、Paul Davis、Gary Huddleston 和 Leah Wilkinson。

感谢国际饲料工业联合会的 Alexandra de Athayde 和联合国粮食及农业组织的 Daniela Battaglia，感谢他们的无私奉献和卓越领导能力，最终使本手册得以付梓面世。

感谢 Enrico Masci 的排版工作。

感谢联合国粮食及农业组织、世界动物卫生组织（OIE）、世界银行集团、世界卫生组织（WHO）和世界贸易组织（WTO）下设的"标准和贸易发展基金"（STDF）为本手册第一版的出版提供了资金支持。

缩写和缩略语
ABBREVIATIONS AND ACRONYMS

Aw	水分活度
AMR	抗生素耐药性
BSE	牛海绵状脑病
DDGS	干酒糟及其可溶物
DON	脱氧雪腐镰刀菌烯醇
EHEC	肠出血性大肠杆菌
FAO	联合国粮食及农业组织
GAP	良好农业规范
GHP	良好卫生规范
GHbP	良好畜牧业规范
GMP	良好生产规范
GVP	良好兽医规范
HACCP	危害分析和关键控制点
IARC	国际癌症研究所
ICP	电感耦合等离子体
ISO	国际标准化组织
OC	有机氯
PCBs	多氯联苯
dI - PCBs	类二噁英多氯联苯
OIE	世界动物卫生组织
PA	吡咯里西啶类生物碱
PAH	多环芳烃
PCDDs	多氯代二苯并-对-二噁英
PCDFs	多氯代二苯并呋喃
POPs	持久性有机污染物
SOPs	标准操作程序
SRM	特定风险物质

STEC	产志贺毒素大肠杆菌
TSE	传染性海绵状脑病
WDG	湿酒糟
WGS	全基因组测序
WHO	世界卫生组织
ZEN	玉米赤霉烯酮

术 语 表
GLOSSARY

可接受水平（Acceptable level）

食品中的一种危害水平，根据食品的预期用途，处于或低于该水平的食品被视为是安全的。

环境温度（Ambient temperature）

环绕物体周围的液体或气体（通常是空气）的温度。

抗菌剂（Antimicrobial agent）

任何天然的、半合成的或人工合成的物质，达到体内浓度且通过与特定目标相互作用而杀死或抑制微生物的生长（联合国粮食及农业组织和世界卫生组织，2011a）。

抗生素耐药性（Antimicrobial resistance，AMR）

相对于同一种易感微生物，微生物在抗生素水平提高的情况下繁殖或持续生存的能力（联合国粮食及农业组织和世界卫生组织，2011a）。

抗氧化剂（Antioxidant）

一种通过保护饲料和饲料原料免于氧化变质而延长其储存期的物质（国际标准化组织，2019a）。

申请人（Applicant）

申请养殖场动物或伴侣动物饲料原料生产和供应标准认证的生产商或加工商。

吸气除杂〔Aspirate（to）〕

使用空气吹除谷壳、灰尘或其他轻物质。

粉碎（Attrition）

通过研磨、摩擦或打磨减小粒度。

挡板（Baffle）

在生产过程中，用于引导产品或空气流向的各类板或薄片。

平衡（Balanced）

一种描述饲料、日粮或饲粮的术语，该类饲料、日粮或饲粮中含有动物营养权威机构推荐的动物所需所有营养成分，且各种营养成分含量和比例适当，能够满足特定动物在特定生理状态和环境条件下的需求。

基础混合料（Base mix）

类似于一种添加剂，但仅含有动物所需的部分蛋白，因此必须与其他高蛋白原料和谷物饲料配合使用。

薄饼饲料（Biscuit）

一种硬的或脆的、干的、烘烤的产品。

混合［Blend（to）］

将两种或多种原料或饲料混杂或混合，但不一定达到均匀分散的程度。（国际标准化组织，2019a）。

饲料块［Block（to）］

将单独的原料或混合物结块制成的大体积块状物，其生产工艺为：经压缩或化学硬化制成块状饲料，使其保持形态，重量1千克以上，可达到7~240千克。

糠麸（Bran）

去除谷物外壳过程中形成的碾磨碎片（国际标准化组织，2019a）。

小饲料块（Brick）

将结块饲料压缩制成硬块，且足以保持其形态，重量一般不超过1千克。

缓冲剂（Buffer）

饲料中用来帮助缓冲消化道酸度变化的物质（国际标准化组织，2019a）。

副产品（By - product）

主要产品生产过程中产生的一种附带产品（可参见副产物）。

饼粕（Cake）

榨压籽实、肉或鱼类，去除油脂或其他液体，经过滤器或其他设备堆积得到的块状物。

校准（Calibration）

在合适的测定范围内，与参照标准或溯源标准所产生的结果相比，证明一种特定仪器或设备产生了特定检测限以内的结果。

罐装［Can（to）］

对饲料进行加工、包装、密封和灭菌，并保存在罐或类似容器中。

载体（Carrier）

一种添加（吸附、浸渍或包被）到饲料原料中以改善饲料原料均匀度的可食用物料。

残留物（Carryover）

一种物料或含有另一种物料的产品或因之前使用设备而残留的产品造成的污染。

糠（Chaf）

谷壳或其他种皮，以及在脱粒或加工过程中从籽实中分离出来的其他植物机体结构。

检查〔Check（to）〕

对照产品的政策、目标和要求，监测和测量工艺及产品，并报告结果。

螯合性矿物质（Chelated mineral）

有机分子和矿物之间形成的有机矿物复合物（国际标准化组织，2019a）。

削片〔Chip（to）〕

切片或打成碎片或小薄片（国际标准化组织，2019a）。

切碎〔Chop（to）〕

使用刀具或其他锋利器具切割物料以减小其粒度（国际标准化组织，2019a）。

清理〔Clean（to）〕

采用任何方法去除物料中的杂质。

清理（Cleaning）

去除灰土、饲料残渣、污垢、油脂或其他有害物质的过程（联合国粮食及农业组织和世界卫生组织，2003）。

剪除〔Clip（to）〕

去除谷物的末端（国际标准化组织，2019a）。

管理规范（Code of practice）

确定饲料卫生基本原则，确保动物饲料的安全性及其对供人类食用的动物产品的适宜性。

燃烧（Combustion）

一种快速发生并产生热量的化学过程。

商用饲料（Commercial feed）

作为动物饲料或将与饲料混合使用的、销售和分发的所有物料，以下成分除外：未混合的整粒、加工或未加工的籽实；秸秆、干草、青贮饲料、玉米、种壳、果皮或其他未掺杂其他成分的单一化合物。

主管部门（Competent authority）

政府管辖的官方机构，负责饲料/食品卫生和安全的官方控制/监测，包括制定和执行饲料/食品卫生和安全监管规定。

辅助饲料（Complementary feed）

某些物料含量较高的配合饲料，但不足以单独作为一种日粮，须与其他饲料配合使用（国际标准化组织，2019a）。

全价饲料（Complete feed）

根据某一特定配方制成的营养充分的饲料，可作为唯一的日粮，除了饮水外不需要添加其他任何物料，就能维持生命或促进生产。

配合饲料（Compound feed）

一种至少含两种饲料原料（包括或不包括饲料添加剂）、以辅助饲料或全价饲料的形式饲喂动物的混合物（国际标准化组织，2019a）。

浓缩料（Concentrate）

一种需与其他成分混合使用以改善营养平衡的饲料，需经过稀释或混合才能作为补充料或全价饲料使用；如果自由采食或作为补充料单独使用，可能对动物的健康不利。

冷凝（Condensation）

使物料（如水）从蒸汽状态转变为密度较大的液体状态的过程，通常是由温度下降引起的。

浓缩［Condense（to）］

去除水分使物料达到一定密度。

调制［Condition（to）］

在加工之前使原料或原料混合物达到预定的水分含量或温度。

污染物（Contaminant）

任何非有意添加到产食性动物食物或饲料中的物料，而是由于生产（包括在农作物种植、畜牧和兽医方面进行的操作）、制造、加工、配制、处理、包装、封装、运输，或存放此类食物或饲料，或由于环境污染而存在于这些食物或饲料中的。这一术语不包括昆虫碎片、啮齿动物毛发和其他外来物质（联合国粮食及农业组织和世界卫生组织，2019a）。

污染（Contamination）

一种污染物进入或存在于饲料或食物中，或饲料或食物环境中。

控制（Control）

- 用作名词时：指一种正遵循正确的程序并符合任何既定标准的状态。
- 用作动词时：指采取一切必要措施，确保并保持遵守危害分析关键控制点计划中规定的标准（联合国粮食及农业组织和世界卫生组织，2003）。

控制措施（Control measures）

任何可预防或消除食品安全危害或将其降低到可接受水平的措施和活动（联合国粮食及农业组织和世界卫生组织，2003）。

对流（Convection）

由于密度变化和重力作用，流体内部各部分温度不均匀，通过循环流动实现热量传递的过程。

蒸煮 ［Cook（to）］

在有水分的情况下，进行加热以改变物化特性或灭菌。

冷却 ［Cool（to）］

通过空气流通降低温度，通常同时进行干燥处理。

纠偏措施（Corrective action）

出现偏差时为重新进行控制、隔离和确定对受影响产品的处置（如有）并防止或最大限度地减少偏差的再次发生而采取的任何措施。

裂化 ［Crack（to）］

通过破裂和碾碎操作来减小物料的粒度。

压合 ［Crimp（to）］

采用碾压滚动机进行轧制，可能包括调制和冷却过程。

关键控制点（Critical control point）

在危害分析和关键控制点（HACCP）系统中应用的、控制重大危害的一项或多项控制措施中的一个步骤。

临界极限（Critical limit）

一种与关键控制点的控制措施相关的可观察或可测量的标准，将可接受和不可接受的饲料或食物分开。

交叉污染（Cross - contamination）

一种物料或产品受到另一种物料或产品的污染，包括因之前使用设备造成的污染（联合国粮食及农业组织和世界卫生组织，2013b）。

破碎 [Crumble (to)]
将颗粒制成粒状形态。

碎粒料（Crumbles）
一种粒状的颗粒饲料。

碾碎 [Crush (to)]
参见本列表中的"碾压 [Roll (to)]"项。

锤打（Cube）
参见"制粒 [Pellet (to)]"项。

草原用块状饲料（Cube，range）
参见"制粒 [Pellet (to)]"项和"草原用块状饲料（range cube）"项。

切割（Cut）
参见"切碎 [Chop (to)]"项。

节气阀（Damper）
一种控制气流的阀门。

日度差（Degree day）
18.31℃减去日平均气温的差值。

去壳 [Dehull (to)]
去除谷物或种子外壳的过程（国际标准化组织，2019a）。

脱水 [Dehydrate (to)]
加热除去水分的过程。

密度（Density）
一种物质的重量与体积的比值，或一种物质单位体积的重量的度量。

密度系数（Density factor）
实际空气密度与标准空气密度的比值。

偏差（Deviation）
未达到临界极限或未遵循良好卫生管理规范程序。

饲粮（Diet）
一种供动物采食的饲料原料或多种原料的混合物，包括水。

稀释剂（Diluent）
一种与营养成分或添加剂混合使用的可食用物料，也可以是一种载体，用以降低营养成分或添加剂的浓度，使之易于被动物接受，更安全、也更容易均匀地混合在饲料中。

酒糟（Distiller's grain）
谷物酒精生产过程中发酵后的残留谷物或副产品，可湿饲或干饲（国际标准化组织，2019a）。

整理〔Dress（to）〕
将饲料中的块状物打碎或筛除，或使用水或其他液体使质地均匀的过程。

干燥〔Dry（to）〕
去除物料中的水分或液体的过程。

粉末（Dust）
通过破碎或研磨等工艺将较大颗粒打碎过程中产生的小固体颗粒，混杂着细小颗粒。

乳化剂（Emulsifier）
一种能够在饲料中形成或保持两种或两种以上互不相溶的组分的均匀混合物的物质（国际标准化组织，2019a）。

蒸发〔Evaporate（to）〕
减少物料中的水分，增加其密度的过程。

膨化〔Expand（to）〕
将饲料或饲料原料置于一定的湿度、压力和温度条件下，使淀粉部分糊化，随后骤然降压膨大（国际标准化组织，2019a）。

暴露评估（Exposure assessment）
对人类可能通过食品和其他相关暴露源摄入的生物、化学和物理因素进行定性或定量评估。在《国际食品法典——饲料风险评估应用准则》中，也可用来指对产食性动物暴露于一种危害的考虑因素，以及对一种危害从饲料中转移到可食用产品中的程度的评估（联合国粮食及农业组织和世界卫生组织，2013a）。

提取〔Extract（to）〕
通过加热和机械压力或有机溶剂等方式从物料中提取油脂的过程。

再残留限量（Extraneous maximum residue limit, EMRL）
再残留限量（EMRL）是指因以前的农业用途而产生的农药残留或污染物，而不是直接或间接在食品或饲料上使用杀虫剂或污染物所产生的农药残留或污染物。这是国际食品法典委员会建议的合法允许或认可的、可接受的食品或动物饲料农药残留的最大浓度。该浓度以每千克商品的农药残留或污染物毫克数表示（联合国粮食及农业组织和世界卫生组织，2019a）。

挤压［Extrude（to）］
在压力条件下，通过压缩管道挤压或推送饲料（国际标准化组织，2019a）。

风扇（Fan）
用于使空气纵向或横向流动的装置。

饲料
任何直接饲喂产食性动物的加工的、半加工的或未加工的单一或多种物料（联合国粮食及农业组织和世界卫生组织，2008a）。

食品添加剂（Feed additive）
任何有意识地添加的、影响饲料或动物产品特性的物质，无论其是否具有营养价值，通常不单独作为饲料来食用。根据使用目的和配给方法，微生物、酶、酸度调节剂、微量元素、维生素和其他产品均属于本定义的范围（联合国粮食及农业组织和世界卫生组织，2008a）。

饲料等级（Feed grade）
适合动物食用的饲料的质量（国际标准化组织，2019a）。

饲料原料（Feed ingredient）
构成饲料的任何组合物或混合物的组成部分或成分，包括饲料添加剂，无论其在动物饮食中是否有营养价值。来源于植物、动物或水生生物，或其他有机物或无机物的饲用物质（联合国粮食及农业组织和世界卫生组织，2008a）。

混合料（Feed mixture）
参见"配合饲料"。

饲料安全（Feed safety）
对按照预期用途饲喂的饲料不会对动物或动物源性食品造成不良健康影响的保证。

鱼粉（Fish meal）
通过干燥和加工一种或多种鱼类的整鱼或其部分而获得的产品（国际标准化组织，2019a）。

细粒饲料（Fines）
任何能够通过筛孔的物料，筛孔直径略小于指定的最小碎粒尺寸或颗粒的最小直径。

压片 [Flake（to）]

参见本列表中的"碾压 [Roll（to）]"项。

片状饲料（Flakes）

在进行或不进行蒸汽调制的情况下，轧制或切割饲料原料而产生的平片。

面粉（Flour）

研磨谷物、其他籽实或产品获得的一种细软粉末，主要含有淀粉和胚乳蛋白。

流程图（Flow diagram）

代表一系列饲料生产或制造步骤顺序的图形符号。

草料（Fodder）

除采收的谷粒外，供动物食用或牧食的植物或植物的一部分（国际标准化组织，2019a）。

食品（Food）

任何加工的、半加工的或未加工的、供人类食用的物料，包括饮料、口香糖和用于制造、制备或处理"食品"的任何物料，但不包括化妆品、烟草或仅作药物的物料（联合国粮食及农业组织和世界卫生组织，2019a）。

食品安全（Food safety）

对按预期用途烹调或食用的食品不会对消费者造成伤害的保证（联合国粮食及农业组织和世界卫生组织，2003）。

自由采食（Free choice）

一种饲喂系统，动物可通过该系统无限制地食用由单一组分或多种组分构成的日粮。

气体（Gas）

一种能够在常温常压条件下均匀充满整个空间的无形蒸汽。

糊化 [Gelatinize（to）]

利用水分、热量和压力的综合作用，或采用机械剪切的方式使淀粉粒破裂的现象（国际标准化组织，2019a）。

良好农业规范（Good agricultural practices，GAP）

适用于养殖场生产和生产后流程的一组原则，用于指导生产安全、卫生的食品和非食用农产品，同时考虑到经济、社会和环境的可持续性。

良好农药规范（Good agricultural practices in the use of pesticides）

包括为有效、可靠防治病虫害，经国家批准，根据具体实际情况安全使用农药的规范。该规范规定了一系列农药的使用范围以及最高许可使用量，并规定了应以确保最小残留量的方式施用农药。国家负责批准农药的安全用途，包括国家登记用途或推荐用途，这些用途考虑到了公共卫生、职业健康及环境安全因素。具体实际情况包括食品和动物饲料的生产、储存、运输、分销和加工的各个阶段（联合国粮食及农业组织和世界卫生组织，2019a）。

良好卫生规范（Good hygiene practices, GHP）

为提供安全、适当的饲料或食品，在食品链各环节采取的基本措施和条款。

良好生产规范（Good manufacturing practices, GMP）

为一个分支或行业制定行为准则的一系列程序（通常与卫生和安全相关）。

兽药合理安全使用规范（Good practice in the use of veterinary drugs）

官方建议或批准的兽药实际使用情况，包括国家主管部门批准的停药期（联合国粮食及农业组织和世界卫生组织，2019a）。

谷物（Grain）

谷类作物的籽实。

磨碎〔Grind（to）〕

使用锤式粉碎机或辊式粉碎机减小粒度。

粗粉（Grits）

去除皮层和胚芽的粗磨谷粒，通常筛分成均匀的粒度（国际标准化组织，2019a）。

去壳谷粒（Groat）

去除外壳的谷粒（国际标准化组织，2019a）。

危害分析和关键控制点计划（HACCP）

为确保控制饲料和食品行业的重大危害，根据危害分析和关键控制点原则编制的一份或多份文件。

危害分析和关键控制点体系（HACCP system）

制定危害分析和关键控制点计划并据此实施危害分析和关键控制点程序。

干草（Hay）

草或牧草的地上部分，尤指切割、风干和加工以饲喂动物的草料（国际标准化组织，2019a）。

窖藏半干草料（Haylage）

由半干牧草制成的青贮饲料（国际标准化组织，2019a）。

危害（Hazard）

食品中可能对健康造成不良影响的生物因素、化学因素或物理因素。

危害分析（Hazard analysis）

收集和评估从原材料及其他原料、环境、饲料或食品加工过程中识别出来的危害信息，以及造成这些危害的条件，并确定是否构成重大危害的过程。

风险特征描述（Hazard characterization）

对食品中可能存在的生物、化学和物理因素相关不良健康影响的性质进行定性或定量评估（联合国粮食及农业组织和世界卫生组织，2019a）。

危害识别（Hazard identification）

识别可能存在于特定饲料或食品或一组饲料和食品中的有不良健康影响的生物、化学和物理因素（联合国粮食及农业组织和世界卫生组织，2019a）。

热处理〔Heat-process（to）〕

一种使用包括高温等手段的加工工艺。

均质化〔Homogenize（to）〕

打碎颗粒使其形成均匀分布且足以保持乳化状态的颗粒。

均质性（Homogeneity）

均质性描述的是一种饲料原料在几种饲料原料混合物中分布的均匀性（德国食品和农业部，2017）。

谷壳（Hull）

谷物或其他籽实的外壳（国际标准化组织，2019a）。

绝对湿度（Humidity，absolute）

单位容积空气中含有的水汽重量，以克/米^{3}为单位。

相对湿度（Humidity，relative）

在一空间中，实际水汽压与同温度下的纯水饱和压的比值。

水解〔Hydrolyze（to）〕

通过与水的化学反应将复杂的大分子分解成单一小分子的过程。

粗磨〔Kibble（to）〕

压碎、粉碎在挤压前或挤压期间已经烘烤、蒸煮过的饲料。

常量元素（Macro mineral）

动物需要的相对数量较大的元素（国际标准化组织，2019a）。

粉状饲料（Mash）

一种由多种原料构成的粗粉状混合物。

污染物最高含量（Maximum level for contaminants，ML）

国际食品法典委员会建议的在商品中合法添加某一物质的最大含量（联合国粮食及农业组织和世界卫生组织，2019a）。

农药残留最大限量（Maximum limit for pesticide residues）

国际食品法典委员会建议的、在食品商品和动物饲料内部或表面合法残留的农药最高浓度（以毫克/千克表示）。最大残留限量是基于良好农业规范（GAP）数据设定的，从毒理学的角度看，那些符合相应最大残留限量的商品衍生食品是可接受的（联合国粮食及农业组织和世界卫生组织，2019a）。

兽药残留最大限量（Maximum limit for veterinary drugs）

国际食品法典委员会建议的、法律允许或认可的、食品内部或表面上因使用兽药所产生的兽药最大残留浓度（以鲜重计算，以毫克/千克或微克/千克计）。兽药残留最大限量基于被认为对人类健康没有任何毒理学危害的残留量的类型和数量，称为日容许摄入量（ADI），或基于使用了其他安全系数的临时日容许摄入量。它还考虑到其他相关公共卫生风险以及食品技术方面的问题（联合国粮食及农业组织和世界卫生组织，2019a）。

粉（Meal）

一种已磨碎或以其他方式减小粒度的原料。

加药饲料（Medicated feed）

任何含有《国际食品法典委员会程序手册》中定义的兽药的饲料（联合国粮食及农业组织和世界卫生组织，2008a）。

微量成分（Mircro - ingredients）

通常需要在饲料中添加的少量饲料添加剂，包括维生素、矿物质、抗生素、兽药和其他物质。

未分级或未检验（Mill run）

饲料厂供应的一种未分级且通常未经检验的原料的状态。

混合〔Mix（to）〕

通过搅拌等方法将两种或两种以上的物料（无论是否添加饲料添加剂）混合达到规定的分散程度。

监控（Monitor）

为评估控制措施是否执行到位，有计划地对控制参数进行观察或测量的行为（联合国粮食及农业组织和世界卫生组织，2003）。

托盘（Pallet）
一种用来储存或移动物料和包装件的可移动平台。

码垛堆集［Palletize（to）］
将物料置于托盘上储存或使用托盘运输。

抛光［Pearl（to）］
通过机器刷洗或打磨等方法将脱壳的谷粒加工成光滑颗粒的过程（国际标准化组织，2019a）。

制粒［Pellet（to）］
通过机械压缩或挤出压模模孔，制成颗粒（硬颗粒料）的过程。

软颗粒料（Pellet，soft）
一种含有大量液体的颗粒，需要立即粉化并冷却。

农药（Pesticide）
在食品、农产品或动物饲料的生产、储存、运输、经销和加工过程中，用于预防、消杀、吸引、驱赶或控制任何有害生物（包括不需要的动植物物种）的任何物质，或可用于控制动物体外寄生虫的任何物质。该术语包括用作植物生长调节剂、脱叶剂、干燥剂、蔬果剂或发芽抑制剂的物质，以及在采收前或采收后应用于作物以防止商品在储存和运输过程中变质的物质。该术语通常不包括肥料、动植物营养素、食品添加剂和动物药物（联合国粮食及农业组织和世界卫生组织，2019a）。

pH（pH）
用来表示一种物质酸碱度的术语。

爆裂［Pop（to）］
通过加热（有时是加压）使整粒或碎裂的谷物体积膨大。

预混料（Premixture）
一种或多种微量成分/添加剂与稀释剂或载体搅拌均匀的混合物，目的是有利于微量成分/添加剂均匀分散于大量的配合饲料中。

前提方案（Prerequisite programme）
包括良好卫生规范、良好农业规范和良好生产规范，以及其他规范和程序，如培训和溯源规范，为实施危害分析和关键控制点体系提供了基本环境和操作条件。

防腐剂（Preservative）

保护饲料免受微生物或其代谢物质引起的变质的一种物质或微生物（若适用）（国际标准化组织，2019a）。

压榨 〔Press（to）〕

通过外力从物料中去除油脂或汁液等液体组分的过程。

初级饲料（Primary feed）

由单一原料配制而成的饲料，有时含有饲料添加剂或预混料（每吨含量低于 45.5 千克）。

初级生产（Primary production）

从食品链一直到农产品储存和运输（若适用）的步骤，包括种植农作物、饲养鱼类和动物，以及收割农作物或收获养殖场或其自然栖息地的动物或动物产品。

加工助剂（Processing aid）

任何有意识地用于饲料或饲料原料加工以在处理或加工过程中实现技术目的而本身不作为饲料饲喂动物的物料，可能会在最终产品中无意识地但在技术上不可避免地存在该物料或其衍生物残留，但前提条件是这些残留不会对动物健康、人类健康或环境造成不利影响，也不会对成品饲料产生任何技术影响。

产品（Product）

一种或多种物料因生物、化学或物理变化而产生的物料。

生产（Production）

所有操作，如接收原料、生产、包装、重新包装、贴标签、重贴标签、控制、放行、储存和分配饲料原料及饲料和加药饲料。

蛋白质（Protein）

任何一种天然存在的复杂的氨基酸有机化合物。

膨大 〔Puff（to）〕

通过加压和加热使整粒、破碎的或加工过的谷粒体积膨大的过程（国际标准化组织，2019a）。

粉碎（Pulverize）

参见"磨碎〔Grind（to）〕"。

质量保证（Quality assurance, QA）

为使一实体能满足质量要求而在质量体系中实施并根据需要进行证实的全部有计划的、系统的活动。

质量保证体系 ［Quality assurance（QA）system］
实施质量保证所需的组织结构、程序、工艺流程和资源。

质量控制（Quality control）
一种基于抽样和检测的系统，其目的是确保符合规范并识别不合格产品。

辐射（Radiation）
以射线形式释放的放射能（热能）。

块状颗粒饲料（Range cube）
一种供陆生动物食用的大块粒料。

日粮（Ration）
在 24 小时内供一只动物食用的饲料总量（国际标准化组织，2019a）。

记录（Record）
说明取得的成果或证明所开展活动的证据文件。

农药残留（Residues of pesticides）
指食品、农产品或动物饲料中因使用农药而产生的任何特定物质。该术语包括农药的任何衍生物，如转化产物、代谢物、反应产物和被认为具有毒理学意义的杂质（联合国粮食及农业组织和世界卫生组织，2019a）。

兽药残留（Residues of veterinary drugs）
药物原形或其代谢物在动物产品中任何可食部分的残留，包括相关兽药的相关杂质残留（联合国粮食及农业组织和世界卫生组织，2019a）。

退货（Returns）
在生产过程中或随后产生的适于返工的饲料、加药饲料或预混料。退货原因多种多样，各有其特点。这些原因包括过期库存（工厂、商店、零售场所和养殖场的良好后勤管理必须将此项控制在最低限度）、不合格饲料（如突然出现问题、质地差、在工厂和养殖场变质、订购错误或不满意）、工厂加工过程中筛分的物料（若适用）或散装的粗饲料、冲洗和清洗所产生的饲料（由工厂冲洗和切换生产线造成的）、包装袋破裂溢出。

注意：必须区分内部退货和外部退货，内部退货是指退回未离开工厂现场的产品。

风险（Risk）
因食品中的危害产生负面影响的概率，以及该负面影响的严重程度。在本指南中，它还可以指产食性动物食用的饲料中的危害转移到可对人类健康造成不利影响的可食用产品的可能性（联合国粮食及农业组织和世界卫生组织，2013a）。

风险分析（Risk analysis）

包括风险评估、风险管理和风险沟通的过程（联合国粮食及农业组织和世界卫生组织，2019a）。

风险评估（Risk assessment）

一个基于科学的过程，包括以下步骤：①危害识别；②危害特征描述；③暴露评估；④风险特征描述（联合国粮食及农业组织和世界卫生组织，2019a）。

风险评估政策（Risk assessment policy）

为保持风险评估过程的科学完整性，在风险评估的适当决策点用于选择选项并做出相关判断的文件指南（联合国粮食及农业组织和世界卫生组织，2019a）。

风险特征描述（Risk characterization）

在危害识别、危害特征描述和暴露评估的基础上，对特定人群中发生已知或潜在不良健康影响的可能性以及对其严重程度进行的定性估计或定量估计，包括随之而来的不确定性（联合国粮食及农业组织和世界卫生组织，2019a）。

风险沟通（Risk communication）

在整个风险分析过程中，风险评估人员、风险管理人员、消费者、行业、学术界和其他利益相关方之间就风险、风险相关因素和风险认知互相交换信息和看法的互相作用过程，这一过程包括对风险评估结果的解释和制订风险管理决策的依据（联合国粮食及农业组织和世界卫生组织，2019a）。

风险估计（Risk estimate）

根据风险特征的描述对风险进行定量估计（联合国粮食及农业组织和世界卫生组织，2019a）。

风险管理（Risk management）

与风险评估不同的是，本过程中须与所有利益相关方协商，权衡政策备选方案，考虑风险评估以及其他与保护消费者健康和促进公平贸易做法相关的因素，并在必要时选择适当的预防和控制措施（联合国粮食及农业组织和世界卫生组织，2019a）。

风险状况（Risk profile）

对食品安全问题及其背景的描述（联合国粮食及农业组织和世界卫生组织，2019a）。

碾压［Roll（to）］

通过在滚筒之间压缩颗粒来改变颗粒的形状或大小，有时需要调制（国际标准化组织，2019a）。

筛除［Scalp（to）］
通过筛网去除较大的物料。

清除（Scour）
参见"剪除［Clip（to）］"。

粒料（Scratch）
干净的整粒、破碎或切开的谷粒，通常添加到混合料中。

筛选［Screen（to）］
使用通过或穿过筛网的方法将不同大小的颗粒分开（国际标准化组织，2019a）。

辅助饲料（Secondary feed）
由补充剂与谷物等其他饲料原料混合制成的一种饲料。

自由采食（Self‐fed）
供动物连续自由地获取部分或全部日粮（单一或混合物的形式）的一种饲喂系统。

分离［Separate（to）］
按照颗粒大小、形状或密度将物料分开。

磁力筛选（Separation，magnetic）
通过磁引力去除铁质杂质的过程。

筛分［Sift（to）］
使用金属滤网分开不同大小的物料（国际标准化组织，2019a）。

重大危害（Significant hazard）
通过危害分析确定的一种危害，在缺乏控制的情况下，合理推测其发生程度可能是不可接受的，且鉴于饲料或食品的预期用途，须对其进行控制。

青贮饲料（Silage）
含水分多的饲草中的糖类经厌氧发酵形成的多汁饲料（国际标准化组织，2019a）。

青贮饲料添加剂（Silage additive）
添加到饲草中以改善青贮饲料品质的物质，如酶、微生物或化学物质。

场所（Site）
处于同一高级管理措施下，工厂/建筑共用的同一营业场所。

可溶物（Solubles）

含有从动植物原料加工过程中获得的溶解物质的一种液体，有时也含有一些细小的悬浮固体，可干燥处理。

比重（Specific gravity）

液体与水（密度视为 1.0）的重量比值。

喷雾脱水（Spray dehydrate）

将物料喷洒在加热的滚筒表面并干燥，然后从滚筒上刮下来回收。

标准空气（Standard air）

21.11℃和 760 毫米汞柱①压力下的干燥空气，通常相当于 1.204 1千克/英尺³②或 1 013.25 毫巴③。

标准大气（Standard atmosphere）

1 个大气压且温度为 20℃时的空气状态。

标准条件（Standard conditions）

温度 20℃，气压为 101.325 千帕，相对湿度为 52%；用作计算空气调节的基础。

汽蒸［Steam（to）］

用蒸汽直接加热物料，以改变其物化特性（国际标准化组织，2019a）。

步骤（Step）

食品链（包括原材料）从初级生产到最终消费过程中的一个点、一个程序、一项操作或一个阶段（联合国粮食及农业组织和世界卫生组织，2003）。

补充料（Supplement）

与另外一种饲料配合使用以改善日粮的营养平衡或动物的生产性能；可以不稀释、稀释或与其他饲料原料混合制成全价饲料进行饲喂，或可与其他日粮原料任意配合的饲料。

供应商（Supplier）

提供一种产品的组织或个人。

温度/露点（Temperature/Dewpoint）

固定气压之下，水汽饱和至一定绝对湿度（相对湿度为 100%）时的

---

① 1 毫米汞柱＝133 帕。
② 1 英尺＝30.48 厘米。
③ 1 毫巴＝100 帕。

温度。

烘烤 [Toast (to)]
将物料置于火、煤气或电等加热环境中，进行烘烤、干燥。

溯源/产品追踪 (Traceability/Product tracing)
跟踪食品在特定生产、加工和经销阶段中的流动情况的能力（联合国粮食及农业组织和世界卫生组织，2019a）。

微量元素 (Trace minerals)
动物所需要的微量矿物质（以克/千克或更小的单位计量）。

转移 (Transfer)
将化学危害或生物危害（包括有害生物转化产品）从产食性动物的饲料转移到该动物的可食用产品的过程（联合国粮食及农业组织和世界卫生组织，2013b）。

不良物质 (Undesirable substance)
饲料和饲料原料内部或表面上存在的、对消费者健康构成风险的污染物和其他物质，包括与食品安全相关的动物卫生问题（联合国粮食及农业组织和世界卫生组织，2008a）。

真空 (Vaccum)
压力降至低于大气压的一种状态。

控制措施的确证 (Validation of control measures)
证明如果适当实施一项或多项控制措施能将危害结果控制在规定限度内的取证过程。

验证 (Verification)
除监测外，还采用各种方法、程序、检测方法和其他评价方法来确定是否按预期正在或一直在实施一项控制措施。

兽药 (Veterinary drug)
是指为治疗、预防或诊断动物疫病或调节动物生理机能或行为，应用于或施用于任何产食性动物的任何物质，如产肉动物或产奶动物、家禽、鱼或蜜蜂（联合国粮食及农业组织和世界卫生组织，2019a）。

维生素 (Vitamins)
无法在体内充分合成的一类有机化合物，通过酶系统发挥作用，对体内能量的转化和新陈代谢的调节至关重要。

压块〔Wafer（to）〕

将纤维性饲料压缩成直径或横截面尺寸通常大于饲料本身长度从而使饲料结块成形的一种工艺，通过这一工艺生产的产品。

湿磨〔Wet mill（to）〕

将谷物浸泡在含有或不含二氧化硫的水中，使其软化，加速其组分分离的一种步骤。

湿处理〔Wet render（to）〕

在密闭罐中用加压蒸汽煮熟。

简　介
INTRODUCTION

动物饲料在全球食品工业中发挥着主导作用，能够使世界各地可持续地、安全地生产动物源性食品。无论是工业化饲料厂生产的饲料还是养殖场简易搅拌机生产的饲料，都是人类在各种饲养条件下饲养产食性动物、役用动物或运输用动物，生产动物源性纤维和其他产品最主要、最重要的一部分。

在全球范围内，饲料工业每年生产的饲料估计已达到 10 亿吨。目前，有130 多个国家开展了饲料的商业化生产或销售，直接从业人员超过了 25 万人，其中包括熟练工人、技术人员、管理人员和专业人员。据估计，目前有 8 000 家工厂专门从事饲料生产，年产能超过 25 000 吨。此外，还有其他生产加工厂，包括预混料生产厂以及特种工厂，它们的生产量较低，但是产品的附加值较高。这些工厂每年生产的饲料总量超过 6 亿吨。据估计，养殖场每年生产的饲料总量约为 3 亿吨，全球商业饲料制造业的年营业额超过 4 000 亿美元。

随着许多新兴经济体人口增长、城市化进程加速以及人们消费能力的提高，人们对动物蛋白的需求不断增加，导致全球饲料工业的产值和产量持续增长。不过，在其他许多国家，饲料产量保持不变或增长缓慢。肉、鱼、奶、蛋和其他动物源性产品的可持续生产离不开优良的配合饲料。这些饲料满足了动物饲养、繁殖和生产的营养需求，同时考虑到了环境、经济、卫生和社会方面可持续发展的要求。其中，安全是一项关键目标。

动物生长和生产的各阶段都要摄入充足的营养，这对动物的健康和福利至关重要；只需提供必要数量的生物可利用膳食营养素，就可以降低养殖场动物对环境污染和气候变化的不良影响。此外，充足的营养会影响动物的关键机能，增强动物对病原体的抵御能力，提高其对疫病的抵抗力。动物饮食的选择，能够稳定肠道菌群和加强黏膜屏障功能，从而促进胃肠道健康。这些反过来又提高了动物对疫病的抵抗力，减少了对抗生素的需求，有助于遏制抗生素耐药性（AMR）。

安全的饲料可使养殖场提高动物卫生和动物福利水平，减少对抗生素的使用需求，确保食品安全，降低生产成本，维持或提高食品质量。安全的饲料有助于增加收入以及争取贸易机会，同时最大限度地减少饲料和食品的损失。由于上述原因，饲料厂和养殖场必须以类似于食品生产的方式生产饲料，并实施综合质量安全保证体系。然而，在许多国家，价值链各环节的经营者往往缺乏足够的专业技术和意识，无法确保饲料安全。即使有了更多的知识和控制制度，生产链中也不断涌现出新型的、非常规的饲料原料。这些原料包括农工副产品（如生物燃料工业副产品）、昆虫、食品加工副产品以及食品废料，这些原料可能带来新的安全风险。

饲料和饲料原料国际贸易的增加也可能会带来不可预见的饲料安全风险。例如，新型农业耕作方式、耐药性病原体的跨界传染和气候变化，所有这些都需要人们为之不断努力从而确保饲料安全，同时确保饲料、食品链各相关方之间进行全面、透明的沟通交流。

人们应认识到这种现代风险导向的饲料、食品安全方法的重要性，了解并采取适当的措施，减少饲料在价值链各环节造成的公共卫生风险。因此，在设计和实施饲料安全计划的过程中，应根据具体情况纳入风险分析原则以及危害分析和关键控制点。

国际食品法典委员会于 2004 年通过了《国际食品法典——动物饲养良好规范》（联合国粮食及农业组织和世界卫生组织，2008a）。这一法典意味着使用涵盖整个饲料、食品链的风险导向的方法将成为动物饲养的发展趋势。该法典的实施向开拓饲料和动物源性产品的国际贸易市场迈出了重要一步。饲料、食品出口国和进口国都可以从更多、更安全的饲料和动物源性产品贸易中受益。然而，该法典只关注与人类健康相关的影响因素，而不考虑对动物卫生和环境的影响。

本手册提供了全面的信息和实用的指南，可帮助养殖者、生产商和饲料价值链的所有利益相关者遵守《国际食品法典——动物饲养良好规范》的要求。本手册旨在为饲料厂、饲料工业管理人员以及养殖场配料人员和饲料生产人员提供指导。本手册为国家主管部门，特别是负责饲料检验、监管工作的国家主管部门提供了参考。本手册还可作为培训手册，为国家饲料协会的成立提供指导。

《饲料工业良好规范手册》于 2010 年出版，由联合国粮食及农业组织和国际饲料工业联合会共同努力编制，得到了联合国粮食及农业组织、世界动物卫生组织（OIE）、世界银行集团、世界卫生组织和世界贸易组织设立的标准和贸易发展基金（STDF）的全力支持。本次出版对该手册进行了全面修订、更新和补充。本次出版没有具体提到国际食品法典委员会后续的饲料相关文件，如《饲料风险评估应用准则》（联合国粮食及农业组织和世界卫生组织，2013a）和《关于政府确定饲料重大危害的指南》（联合国粮食及农业组织和世界卫生组织，2013b），以及许多其他国际食品法典文本，但考虑到了相关因素。本次出版介绍了饲料生产方面的最新发展以及最新科学技术知识带来的效益。例如，关于动物饲料相关危害的联合国粮食及农业组织、世界卫生组织专家联合会议报告（联合国粮食及农业组织和世界卫生组织，2019d），以及关于获批兽药不可避免或意外残留在饲料中以及从饲料转移到食品中的联合国粮食及农业组织、世界卫生组织联合专家会议报告（联合国粮食及农业组织和世界卫生组织，2019e）。

联合国粮食及农业组织和国际饲料工业联合会认识到了生产营养丰富的饲料对维持动物卫生和福利标准以及帮助减少养殖场动物对环境污染和气候变化的影响的重要性；然而，本手册的重点是关注食品安全和旨在确保食品安全的良好规范。联合国粮食及农业组织针对上述提及的其他重要饲料生产目标发行了其他出版物（附录五），可用于补充本手册内容。

尽管本手册没有提及丰富的营养对食品安全的间接影响以及对动物卫生和动物福利的重要性，但也认识到了这一点，即健康的、身体状况良好的动物不太可能将危害从饲料转移到其衍生食品中。

尽管人们认为水产业在食品生产中所占的比例日益加大，但本手册主要关注陆生动物生产过程中使用的饲料。

手册使用说明

HOW TO USE THIS MANUAL

    本手册提供了全面的信息和实用的指南，可帮助养殖者、生产商和饲料价值链的所有利益相关者遵守《国际食品法典——动物饲养良好规范》的要求（联合国粮食及农业组织和世界卫生组织，2008a）。鉴于负责饲料工业、从事饲料检验工作的国家主管部门在饲料安全方面发挥着监管作用，因此本手册也为他们提供了参考。

    要充分理解本手册中提供的概念和信息，需要对风险分析原则有一定的了解。故此，下文将对风险分析进行简要概述。

    更具体地说，第一至第五章介绍了上述提及的《国际食品法典——动物饲养良好规范》的要求，并以插文的形式概述了各章节中提及的具体法典文本（《国际食品法典——动物饲养良好规范》全文见附录一）。

    本手册考虑到了联合国粮食及农业组织和世界卫生组织专家会议上全面讨论的危害（联合国粮食及农业组织和世界卫生组织，2008c；联合国粮食及农业组织和世界卫生组织，2019d）。更具体地说，《动物饲料有关危害的报告》重新概述了对饲料相关危害的认知现状，包括饲料以及与饲料生产技术日益相关的产品。因此，第一章的正文和图表参考了《动物饲料有关危害的报告》中的相关信息。

    除《国际食品法典——动物饲养良好规范》外，本手册还包括以下附录，如关于饲料和饲料原料的其他国际食品法典委员会文本（附录二）；联合国粮食及农业组织针对其他饲料生产重要目标发行的出版物，如确保为适用动物提供足够的营养物质，减少养殖场动物对环境污染和气候变化的影响等（附录三）；相关国家饲料生产规范（附录四）。

    国家饲料协会在宣传有价值的信息以及协助生产商、经营者确保饲料安全方面发挥着重要作用；本手册附录五提供了关于成立这些协会的一些建议。

目 录
CONTENTS

序言 ·· v

致谢 ·· viii

缩写和缩略语 ·· ix

术语表 ··· xi

简介 ··· xxxi

手册使用说明 ·· xxxiv

0 风险分析——综述 ······································ 1

0.1 国际和国家风险分析框架 ···························· 2

0.2 风险分析过程 ···································· 2

　　0.2.1 初步风险管理 ······························ 3

　　0.2.2 风险评估 ································· 4

　　0.2.3 风险管理 ································· 6

　　0.2.4 风险沟通 ································· 7

0.3 风险评估与危害分析和关键控制点危害分析的比较 ······ 9

0.4 风险评估和产品登记/审批 ························· 10

1 与饲料相关的卫生危害 ································ 11

1.1 生物危害 ·· 12

　　1.1.1 沙门氏菌 ································· 12

　　1.1.2 单核细胞增多性李斯特菌 ···················· 13

　　1.1.3 肠出血性大肠杆菌 ·························· 13

　　1.1.4 梭状芽孢杆菌 ····························· 14

　　1.1.5 布鲁氏菌 ································· 15

　　1.1.6 分枝杆菌 ································· 15

1.2 病毒 ··· 16

    1.2.1   朊病毒 ·· 16
  1.3   体内寄生虫 ··· 17
  1.4   化学危害 ·· 17
    1.4.1   持久性有机污染物 ································ 18
    1.4.2   真菌毒素 ·· 21
    1.4.3   植物毒素 ·· 23
    1.4.4   农药残留 ·· 25
    1.4.5   有机氯残留 ······································ 25
    1.4.6   兽药残留 ·· 26
    1.4.7   潜在有毒元素 ···································· 26
  1.5   物理危害 ·· 29
    1.5.1   放射性核素 ······································ 29
    1.5.2   纳米材料 ·· 29
  1.6   与饲料生产技术相关的饲料和产品的危害 ········· 30
    1.6.1   昆虫 ·· 30
    1.6.2   初级食用产品和食品加工副产品 ·············· 31
    1.6.3   生物燃料副产品 ································ 32
    1.6.4   其他工业副产品 ································ 32
    1.6.5   植物源性水产品 ································ 33
    1.6.6   动物源性水产品 ································ 34

2   基本原则和要求 ··· 36

  2.1   饲料原料 ·· 38
  2.2   标签标识 ·· 40
  2.3   饲料和饲料原料的溯源/产品追踪和记录保存 ········· 40
  2.4   召回 ··· 42
    2.4.1   主管部门的责任 ································ 43
    2.4.2   饲料经营者的责任 ······························ 45
  2.5   应对突发状况的特殊要求 ····························· 45
    2.5.1   饲料安全突发状况的性质 ···················· 47
    2.5.2   饲料的标识 ······································ 47
    2.5.3   受影响或可能受影响的群体 ·················· 48
    2.5.4   装运和相关信息 ································ 48
    2.5.5   出口国或进口国采取的措施 ·················· 48
    2.5.6   主要官方联络点和相关主管部门的详细信息 ········· 48

2.6　检查和控制程序 ………………………………………………… 49

2.7　加药饲料中使用的饲料添加剂和兽药 …………………………… 50

3　良好生产规范 ………………………………………………………… 53

3.1　基本原则 …………………………………………………………… 55

3.2　管理层对饲料安全的管理 ………………………………………… 55

3.3　良好生产规范 ……………………………………………………… 56

　　3.3.1　饲料厂的选址 …………………………………………… 56

　　3.3.2　建筑物和设施 …………………………………………… 56

　　3.3.3　设计与布局 ……………………………………………… 57

　　3.3.4　内部构造和配置 ………………………………………… 58

　　3.3.5　供水 ……………………………………………………… 59

　　3.3.6　清洁设施 ………………………………………………… 60

　　3.3.7　人员卫生设施 …………………………………………… 60

　　3.3.8　空气质量、温度和通风 ………………………………… 61

　　3.3.9　照明 ……………………………………………………… 62

　　3.3.10　设备 ……………………………………………………… 62

　　3.3.11　个人卫生 ………………………………………………… 66

　　3.3.12　清洁 ……………………………………………………… 66

　　3.3.13　加药饲料生产过程中的清洁 …………………………… 67

　　3.3.14　饲料储存、运输和加工过程中的污染 ………………… 68

　　3.3.15　虫害控制 ………………………………………………… 69

　　3.3.16　废弃物 …………………………………………………… 70

　　3.3.17　排水 ……………………………………………………… 71

　　3.3.18　储存 ……………………………………………………… 71

　　3.3.19　运输 ……………………………………………………… 72

　　3.3.20　培训 ……………………………………………………… 73

3.4　前提方案 …………………………………………………………… 73

3.5　危害分析和关键控制点（HACCP） ……………………………… 75

　　3.5.1　HACCP 体系的原则 …………………………………… 76

　　3.5.2　HACCP 体系的应用 …………………………………… 76

　　3.5.3　对前提方案和 HACCP 计划相关的初始信息和文件的更新 …… 85

4　在养殖场生产和使用饲料及饲料原料 …………………………… 86

4.1　饲料原料生产 ……………………………………………………… 89

4.1.1　选址 ……………………………………………………………… 89

4.1.2　农药和其他农用化学品 ……………………………………… 91

4.1.3　肥料的使用 ……………………………………………………… 92

4.1.4　谷物采收前、采收中注意事项及储存前的干燥和清洁 ……… 93

4.1.5　谷物的储存、配送和运输 ……………………………………… 94

4.1.6　文件编制和记录保存 …………………………………………… 95

4.1.7　人员健康、安全和培训 ………………………………………… 95

4.1.8　生产计划 ………………………………………………………… 96

4.1.9　饲料原料的规格/采购 ………………………………………… 96

4.1.10　养殖场饲料原料和饲料生产 ………………………………… 96

4.1.11　饲料原料的验收 ……………………………………………… 97

4.1.12　饲料原料的储存 ……………………………………………… 97

4.1.13　混合和粒度 …………………………………………………… 98

4.1.14　质量控制 ……………………………………………………… 99

4.1.15　标识 …………………………………………………………… 99

4.1.16　储存 …………………………………………………………… 99

4.1.17　监测记录 ……………………………………………………… 100

4.1.18　人员培训 ……………………………………………………… 101

4.2　饲料的使用 ……………………………………………………… 101

4.2.1　饲料配送和饲喂 ………………………………………………… 101

4.2.2　加药饲料 ………………………………………………………… 102

4.2.3　牧草、青贮饲料、干草料、青绿饲料 ………………………… 102

5　抽样与分析方法 …………………………………………………… 106

5.1　抽样 ……………………………………………………………… 106

5.1.1　目的和条件 ……………………………………………………… 106

5.1.2　工艺和设备 ……………………………………………………… 107

5.1.3　样品缩分 ………………………………………………………… 110

5.1.4　样品储存室 ……………………………………………………… 111

5.1.5　抽样频率和留样 ………………………………………………… 111

5.1.6　饲料和饲料原料的抽样方案 …………………………………… 112

5.2　分析 ……………………………………………………………… 114

5.2.1　分析方法 ………………………………………………………… 115

5.2.2　分析方法的新进展 ……………………………………………… 119

5.3　实验室质量保证计划 …………………………………………… 121

5.4　不确定性应对措施 …………………………………………………… 122

参考文献 …………………………………………………………………… 124
附录 ………………………………………………………………………… 134
　　附录一　国际食品法典——动物饲养良好规范
　　　　　　（CXC 54—2004，2008 年修订）………………………… 134
　　附录二　相关国际食品法典文本（截至 2020 年 6 月）…………… 144
　　附录三　联合国粮食及农业组织相关出版物 …………………… 147
　　附录四　相关国家饲料生产规范 ………………………………… 149
　　附录五　国家饲料协会的作用及其建立 ………………………… 153

0 风险分析——综述

　　风险分析是一种评价风险、确定合适的措施来控制这一风险，并对整个过程进行沟通的手段。饲料监管人员和操作人员可利用风险分析生成的信息和证据做出有效决策来改善饲料安全，进而改善公共卫生。

　　在饲料安全控制中，已经识别并解决了几种饲料危害（表0-1）。这些危害的发生受各种因素的影响，进而其所带来的风险也会发生变化。

表0-1 饲料链中的危害示例

生物危害	化学危害	物理危害
细菌	天然毒素	金属、设备零部件
寄生虫	农药残留	玻璃
病毒	兽药残留	石头
朊病毒	潜在有毒元素	骨头
	包装材料残留的化学污染物	纳米材料
	环境污染物	塑料微粒
		放射性核素

　　联合国粮食及农业组织（FAO）、世界卫生组织（WHO）和国际食品法典委员会已经发行了许多关于风险分析和风险评估的出版物，内容广泛且详细具体，适用于各国政府和国际食品法典委员会（联合国粮食及农业组织和世界卫生组织，2019a；联合国粮食及农业组织，2006；联合国粮食及农业组织和世界卫生组织，2014a；联合国粮食及农业组织和世界卫生组织，2007；联合国粮食及农业组织和世界卫生组织，2008b；联合国粮食及农业组织和世界卫生组织，2011a；联合国粮食及农业组织和世界卫生组织，2013a；联合国粮食及农业组织和世界卫生组织，2013b）。

　　风险分析包括3个截然不同的组成部分：风险管理、风险评估和风险沟通。

这 3 个组成部分之间互相作用，是成功进行风险分析的必要条件（图 0-1）。

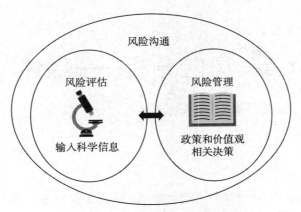

图 0-1　风险分析基本组成部分

资料来源：联合国粮食及农业组织，2006。

人们认为，风险评估是"基于科学"的风险分析的一部分，而风险管理则是综合权衡科学信息以及经济、社会、文化和道德等因素，从而选择最佳风险管理方案的管理过程。风险沟通是在整个风险分析过程中交换信息和看法的相互作用过程。

0.1　国际和国家风险分析框架

国际、区域和国家各级主管部门负责开展饲料安全风险分析。在国际上，《国际食品法典——饲料和食品安全标准》为风险管理者提供了指导。联合国粮食及农业组织、世界卫生组织的以下专家组织负责开展风险评估：食品添加剂联合专家委员会（JECFA）、农药残留联合会议（JMPR）和微生物风险评估联合专家会议（JEMRA）以及联合国粮食及农业组织、世界卫生组织特设专家会议。各国饲料主管部门负责开展全面风险分析。

0.2　风险分析过程

风险分析过程始于初步风险管理，在初步风险管理过程中，通过风险分析界定问题、阐明分析目标，并识别风险评估需要解决和答复的问题，包括何时解决和答复，以及是否需要解决和答复。应在完全透明的情况下开展风险管理和风险评估，并与各利益相关方进行深入对话。风险分析的最后一步是实施风险管理措施，之后由政府、私营部门和其他利益相关者监控风险管理措施的效果。

风险分析由风险管理、风险交流和风险评估之间大量交互和重复的步骤组成，需要管理人员、评估人员和其他利益相关者之间频繁进行互动。《国际食品法典委员会程序手册》（联合国粮食及农业组织和世界卫生组织，2019a）规定风险分析应：

- 按照结构化的方法将这三大组成部分贯穿起来。
- 以现有的最佳科学证据为基础。
- 对各种危害和各国，均适用统一的标准。
- 公开、透明且有完善的文件加以佐证。
- 保持透明的不确定性和变量。
- 根据最新信息进行适当的评价和修改。

虽然饲料和食品生产链中的所有各方共同承担从饲料和食品生产到使用和消费的所有安全责任，但政府有义务为饲料安全和食品安全提供理想的制度环境和监管环境。为了顺利完成风险分析，当事国家或区域应实施包含以下要素的饲料、食品安全体系（联合国粮食及农业组织，2006）：

- 饲料、食品相关法律、政策、法规和标准。
- 明确负责饲料、食品管理和公共卫生管控的机构。
- 科学信息。
- 综合管理方法。
- 检查和认证体系。
- 诊断和分析实验室。
- 基础设施和设备。
- 监测体系。
- 对饲料和食品消费相关的动物卫生和人的健康进行监测。
- 应对突发状况的能力。
- 培训。
- 公共信息、教育和沟通。

0.2.1　初步风险管理

当风险管理人员识别出饲料安全问题时，就会启动一个系统的、简单易懂的风险管理过程。

图0-2说明了风险管理的一般结构，该结构在非紧急状况和突发状况下均应发挥作用。

一旦发现饲料安全问题，风险管理人员应将现有的科学信息汇编成一份风险概况文件，用于指导后续行动的推进。如有必要，风险管理人员将会委托他

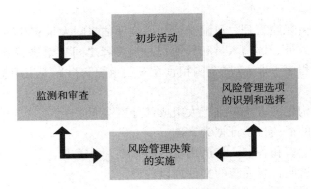

图 0-2　风险管理过程的基本结构

资料来源：Angela Pellegrino Missaglia。

方进行风险评估。

在这种情况下，与风险评估人员进行良好沟通至关重要，特别是要确保风险评估的范围是合理可行的，并确定应该回答哪些问题。

风险管理人员委托他方进行风险评估的决定受卫生风险优先顺序、紧迫性、监管需求以及资源和数据可用性等因素的影响。如果风险管理人员已经很好地描述了风险，且如果饲料安全问题相对简单；或如果饲料安全问题不受监管或不在监管职责范围内；或如果无须实施紧急监管措施，则很可能无须委托他方进行风险评估。在不同地区和不同流程中发生的危害和随之而来的饲料安全问题可能比其他问题更令人担忧。因此，通过优先性排序可以确定这些问题的紧迫性，有助于做出开展风险分析的决定。《国际食品法典——供政府对饲料危害等级进行优先性排序的指南》（联合国粮食及农业组织和世界卫生组织，2013b）中介绍了一种对风险评估和风险管理优先事项的危害进行排序的方法。优先性排序通常采用的标准是：每个问题对消费者健康构成的相对风险水平。其他相关因素包括贸易限制、问题本身的难易程度以及社会或政治压力。应明确界定优先性排序流程，以确保透明度、可重复性，并便于在收集到新数据时重新进行评估。

0.2.2　风险评估

风险分析的科学基础是风险评估。当一个群体暴露于一种危害并持续一段时间后，该群体健康就有可能受到不利影响。风险评估的主要目标是对这些影响的特征进行描述。风险评估的一个重要特性是对不同风险控制措施的相对影响进行建模的能力。

需要指出的是，在某些情况下，评估是不可行的、不必要的或不具备评估条件。在其他情况下，可以决定使用不包含风险评估的科学方法。

在批准委托他方开展风险评估时，风险管理人员应要求有关科学机构组建专家组。

考虑到评估项目的范围和可用的资源，必须确定评估时要回答的问题，评估人员将根据这些问题决定采用何种评估方法。

0.2.2.1　风险评估的一般特征

风险评估应客观和公正，只能依据科学可靠的信息才能得出评估结果。风险评估人员在记录这一流程时，应详细描述所采用的科学推理和数据，指明可能影响风险评估的实施或结果的任何偏差，并清楚说明所有假设条件。

应将风险评估和风险管理分开，这样评估就不会受到监管政策和价值观的影响。风险管理人员和风险评估人员之间应该保持频繁的沟通和互动，以确保风险分析的有效性。

有时会缺少进行定量估计所需的相关数据，有时用来表示风险发生过程的模型存在重大不确定性。风险评估人员应清楚描述风险估计中包含的不确定性及其来源，以及所做假设对评估结果的不确定程度的影响。

风险评估要经过同行评审，这一点十分重要。与使用不同判断和假设条件的风险评估流程进行比较，可以产生新的想法和观点，并增加风险评估的透明度。

0.2.2.2　风险评估方法

风险评估方法因危害类型（化学的、物理的或生物的）、饲料安全场景、时间和可用资源不同而异。

风险评估通常包括 4 个步骤（图 0-3），在危害识别后，由于风险评估过程具有高度反复性，这些任务的顺序并不固定（联合国粮食及农业组织，2006）。

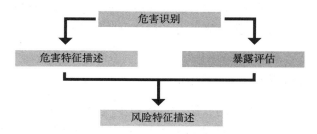

图 0-3　风险评估组成部分的基本结构

资料来源：Angela Pellegrino Missaglia。

（1）危害识别。识别有利害关系的危害是风险评估中的一个重要步骤，因为它能使评估人员估计由此产生的风险。

（2）危害特征描述。这一阶段的特点是描述已知的与已识别的与危害相关的不良卫生影响的性质和程度。评估人员应尽可能确定不同程度地暴露于饲料危害的剂量-反应关系以及不良反应的可能性。

（3）暴露评估。在暴露评估中，描述了暴露后的群体成员消耗的危害量。有关添加到主要饲料中的饲料原料和一般饲料环境危害水平的数据决定了整个生产链中危害水平的变化情况。将这些数据与群体的饲料消费模式相结合，可以估计出在一段时间内群体暴露于危害的情况。

（4）风险特征描述。在此阶段，对通过前面步骤得出的结果进行整合，可获得风险估计。风险特征描述通常包括风险评估其他方面的相关报告，如与其他饲料产生的风险进行比较排序、对假设场景风险的影响，以及"缩小认知差距"所需的其他科学工作。

风险评估的结果可以是定性的，也可以是定量的。在定性结果中，使用了诸如高、中或低等描述性术语。在定量结果方面，有数值表示法，也可能包含数值表示的不确定性。这两者之间的中间格式称为半定量。

饲料风险评估严格遵循上述风险评估方法，分为两个阶段，每个阶段的结果不同：

第一阶段：动物接触饲料后，风险评估人员应评估动物中的危害的结果。在有化学危害的情况下，风险评估人员应考虑新陈代谢以及危害可能向食品或代谢物的转移。动物的新陈代谢可能会降低危害的毒性，但也可能将危害转化成毒性更大的化合物。在有生物危害的情况下，微生物的生长是一个更相关的因素，而新陈代谢更多地是指可能由微生物而不是动物产生的毒素等化合物。暴露于危害中也可能给动物带来健康风险，从而影响危害向食品的转移。因此，可能需要评估饲料原料、合成的混合饲料和剩余饲料中的危害可能对暴露后的动物或其他可能食用该种饲料的动物造成的健康风险。

第二阶段：食品风险评估的目的是解决因暴露于可能转移到动物源性食品中的危害而可能造成的人类健康风险。在这一阶段应遵循食品风险评估的常规程序。

0.2.3 风险管理

风险管理应采用结构化的方法，包括初步风险管理活动（如上所述）、风险管理选项的评价、风险管理决定的实施，以及对所做风险决策的监测和审查。风险管理流程应该是透明的、一致的，并完整存档。

0.2.3.1 对风险管理选项的评价

对风险管理选项的评价是根据关于风险和其他因素的科学信息，对饲料/食品安全事项管理工作的现有选项进行权衡，可能包括就适当的消费者保护水平做出决策。在整个饲料/食品链的选定位点，优化饲料管控措施的效率、有效性、技术可行性和实用性是一个重要目标。在这个阶段可以进行成本效益分析。

初步风险管理活动和风险评估的结果应与对现有风险管理选项的评价结果相结合，从而做出关于风险管理的决策。应根据风险分析的范围、目的及其对消费者健康的保护水平，评估风险管理选项。还应该考虑不采取任何行动的选项。

为避免造成不合理的贸易壁垒，风险管理应确保风险决策过程在所有情况下都是透明的、一致的。在审查各种风险管理选项时，应尽可能考虑评估其潜在优势和劣势。风险管理应考虑风险管理选项的经济后果和可行性。

0.2.3.2　风险管理决策的实施

风险管理人员应制订实施计划，说明如何实施风险决策、由谁实施以及何时实施。国家/地区主管部门应确保有适当的监管框架和基础设施。为有效执行饲料/食品安全控制措施，食品生产链的有关各方通常采用综合方法来实施完整的饲料/食品控制体系，如良好农业规范（GAP）、良好兽医规范（GVP）、良好畜牧规范（GHBP）、良好生产规范（GMP）、良好卫生规范（GHP）以及危害分析和关键控制点（HACCP）体系。

风险管理人员应同时考虑非监管措施和监管控制措施。无论风险干预是单一的风险管理选项还是几种选项组合，风险管理决策均应与风险水平成一定比例。只要能客观地证明整体计划能够实现所述目标，饲料工业灵活选择个别措施是无可非议的。应持续对食品安全措施的实施情况进行审查。

0.2.3.3　对风险管理措施的监测和审查

监测和审查是指收集和分析数据，从而概述饲料/食品安全风险和人类健康风险的过程。监测和审查的目的是确定所选风险管理措施的有效性和可能进行调整的必要性，并检查意外的或不可预见的影响。

风险管理人员应建立一套流程来监测和审查风险管理措施是否落实到位，以及结果是否取得了成功。此外，还应对临时决策进行监测和审查。在这一阶段，生产商和政府机构应采取联合行动，国家主管部门负责开展公共卫生监测工作。

必须定期对决策进行审查，特别是在检查和监测所实施的风险管理措施期间因发现、科学进展甚至是数据收集而获得新信息时。最后，应确定是否需要启动一个新的风险分析周期。

0.2.4　风险沟通

风险沟通是风险分析不可分割的组成部分，旨在帮助风险评估小组与包括公民、政府和非政府组织在内的所有利益相关者互相传递和收集相关信息。成功的沟通是确保风险管理和评估的有效性的先决条件，通过进一步增进相关人员对风险管理决策的理解和接受程度，从而提高风险分析的透明度。

在紧急情况下，参与者之间的有效沟通有助于使其了解风险并做出明智决策。在非紧急情况下，可靠、反复的沟通通常有助于提高风险管理决策的质量。

沟通在整个风险分析应用中都是必不可少的，特别是在风险分析过程的几个关键点和步骤中，它的有效使用尤为关键（表0-2）。

表0-2 有效使用风险沟通的要点和步骤

1. 识别饲料安全问题

各方之间开诚布公地进行沟通对准确界定问题极为重要。风险管理人员可以通过各种广泛的潜在途径了解具体饲料安全问题，之后通过其他可能包含该问题的相关知识获得信息

2. 编制风险状况

在这一步骤中，风险管理人员和风险评估人员或编制风险状况的其他科学人员之间进行必要的沟通。从事风险状况编制工作的专家还应建立与外部科学团队和行业进行沟通的网络，借以收集足够的科学信息

3. 确立风险管理目标

当风险管理人员设定风险管理目标（以及确定风险评估是否可行或必要）时，评估人员、管理人员和外部利益相关者之间的沟通至关重要。管理人员不应独自设定目标。一旦设定了目标，就应将目标传达给所有利益相关者

4. 制订风险评估政策

风险评估政策为科学决策和科学判断提供了必要的指导，这一政策有时是主观性的，并带有一定的价值观，风险评估人员在整个评估过程中必须遵循这一政策。在此阶段，评估人员和管理人员之间的沟通颇为重要，这对解决复杂问题和可能出现的其他问题都是必要的。如果外部团队也参与这些政策的决策过程，也是适当且重要的

5. 委托开展风险评估

当风险管理人员正式请求风险评估人员开展正式评估时，良好的早期沟通有助于提高评估结果的质量。同样，风险沟通最为重要之处是管理人员和评估人员之间的沟通，确保沟通后能够确定风险评估要解答的问题、风险评估政策提供的指导以及评估结果的形式。双方对评估过程的范围和目标、时间和可用资源的明确沟通也很重要。由于需要避免政治影响和利益冲突，利益相关者在这一阶段的参与程度是有限的

6. 执行风险评估

在评估过程中，风险管理人员和风险评估人员之间的沟通至关重要。随着信息的更新，应及时改进或修改待回答的问题，可邀请持有相关数据的外部小组和风险评估小组一起合作

7. 完成风险评估

由于风险管理人员需要了解评估结果、风险管理的意义以及相关的不确定性，当风险评估人员完成评估并把评估结果提交给风险管理人员时，他们之间再次进行详细沟通。还将与社会公众和利益相关者共享评估结果，使其进行评论并反馈

（续）

8. 对风险进行排序并确定优先顺序

在这一阶段，评估人员与利益相关者进行广泛的对话。优先级的设定本身就是一个饱含价值观的过程。因此，从根本上讲，通过风险评估和风险管理对应优先考虑的风险进行排序就是一个社会政治过程

9. 识别和选择风险管理选项

关于风险分布和公平、经济、成本效益等问题的决策。在这一阶段，有效的风险沟通对风险分析的成功与否至关重要

当对管理选项进行权衡时，审查过程可能会变成一场政治争议。如处理得当，这种情况可以确定在选择风险管理选项时需要考虑的价值和选项，从而形成透明的决策过程

10. 实施

为确保风险管理决策的有效实施，风险管理人员应与实施人员密切合作

11. 监测和审查

在这一阶段，管理人员需要收集所需的信息，以评估管理措施是否达到了预期的效果。除了负责监测和审查工作的指定人员外，还可以咨询或提请主管部门咨询其他小组。风险管理人员有时使用正式的风险沟通流程来决定是否需要开展新的计划来推进风险控制

资料来源：联合国粮食及农业组织，2006。

0.3 风险评估与危害分析和关键控制点危害分析的比较

在饲料生产中实施"危害分析和关键控制点"时，常使用风险评估一词。危害分析和关键控制点是一种评估危害的工具，用来建立以预防为重点而不是依赖最终产品检测的控制体系。实施危害分析时，根据危害分析和关键控制点的首要原则来识别特定饲料原料、加工步骤中的危害，从而决定哪些危害对动物和人类的健康是重要的。在大多数情况下，这种评估是定性的。

风险评估是基于危害识别、危害特征描述和暴露评估，对特定群体中已知或潜在有害健康影响的发生概率和严重程度进行定性评估或定量评估，包括随之而来的不确定性。这也可以描述为由于饲料中存在的危害而导致潜在有害健康影响的可能性。风险评估的结果可能会给危害分析和关键控制点提供输入信息，但风险评估过程与危害分析和关键控制点截然不同。危害分析和关键控制点适用于生产商/制造商，而风险评估的对象是群体。

因此，风险评估最终结果和风险最终特征描述，确实不同于危害分析。危害分析和关键控制点与风险分析唯一的共同点是危害识别，这是识别危害并进行研究的开始（Oyarzabal，2015）。

0.4 风险评估和产品登记/审批

各司法管辖区对饲料生产中使用的各类饲料原料的新用途或特定预期用途的上市审批，有不同的监管程序。这方面的技术档案可能包括关于市场在售产品及其功效、使用方式、限制条件等完整信息；可能需要开展新的风险评估并把评估结果提交给主管部门，或者按照当地法规的要求，在档案中使用已经公布的风险评估结果。同样地，主管部门将根据风险评估结果来决定是否登记/批准该产品，并确定批准条件。因此，可以使用与前文所述的相同或类似的风险评估方法。

1 与饲料相关的卫生危害

> 所有饲料和饲料原料均应符合最低安全标准。最为重要的是，饲料和饲料原料中的不良物质含量必须足够低，在供人类食用的食品中的浓度必须始终低于不可接受水平。应适用国际食品法典委员会规定的饲料中的最大残留限量和再残留限量。食品中的最大残留限量，如国际食品法典委员会规定的限量，可能有助于确定饲料的最低安全标准。
>
> **不良物质**
>
> 应识别、控制和尽量减少饲料及饲料原料中存在的不良物质，如工业和环境污染物、农药、放射性核素、持久性有机污染物（POPs）、病原体和毒素（如真菌毒素）。不得将可能是牛海绵状脑病（BSE）病原体来源的动物产品直接用于饲喂反刍动物或用来制作反刍动物饲料。为降低不良物质的不可接受水平而采取控制措施时，应根据控制措施对食品安全的影响进行评估。
>
> 应评估每种不良物质对消费者健康的风险，这种评估可能会导致为饲料和饲料原料设定不良物质最高限量，或禁止使用某些物料饲喂动物。
>
> 资料来源：《国际食品法典——动物饲养良好规范》（CXC 54—2004）。

人类健康危害可以从饲料转移到动物源性食品，从而导致食品安全风险，这一危害可以通过动物饲料和饮用水侵入饲料/食品链。饲料在生产、加工、储存、运输和使用的过程中可能会受到污染。饲料中的危害也可能是意外或蓄意的人为干预（如欺诈、掺假）造成的。饲料和饲料原料国际贸易的发展也可能进一步扩散危害。

饲料中的危害可以是生物的、化学的或物理的。每种危害都与污染和暴露的来源及途径有关。以前未知的危害可能与新的或广泛使用的饲料或饲料原料有关（例如，食品和农用工业产品、昆虫、原食品产品、海洋资源或使用了新的饲料生产技术）。

新型农业生产方法、现有的新型饲料原料、病原体耐药性的增强、气候变

11

化和生物多样性的减少等都需要我们格外关注污染的预防、饲料和食品利益相关者之间的数据共享和持续沟通（Fink - Gremmels J.，2012）。

1.1 生物危害

饲料原料的加工通常包括加热或添加某些物质，然后再冷却等步骤。这些制作工艺可以帮助减少生物污染。然而，如果卫生条件差或没有充分加热和冷却，可能会滋生某些病原体。此外，使用未清洁的车辆或在不受控的温度或湿度环境中运输，会影响病原体的存活和滋生。识别病原体并描述其特征，了解污染来源、途径和影响因素，有助于防止进一步污染。

1.1.1 沙门氏菌

沙门氏菌是一种普遍存在于自然界和环境中的革兰氏阴性菌。据报告，有2 500多种沙门氏菌血清型。所有血清型都被认为是人类的潜在病原体，也是动物体内的重要病原体。沙门氏菌通过粪便或口腔途径在人类和动物中传播。

饲料中可以分离出许多沙门氏菌血清型，包括从人类沙门氏菌病临床病例分离出来的那些最常见的血清型，如鼠伤寒和肠炎亚种沙门氏菌。

动物摄入受粪便污染的饲料后会被感染。被感染的动物通常成为隐性携带者，没有疫病临床症状。被感染的动物会排出沙门氏菌，从而构成了将沙门氏菌传播给其他动物（包括野生动物和环境）的潜在来源。

饲料厂以及饲料的沙门氏菌污染风险主要是引入被沙门氏菌污染的饲料原料。在所有国家，把沙门氏菌引入饲料/食品链都是一个持续的风险。控制措施包括防止污染、减少沙门氏菌繁殖以及实施杀死病原体的程序。防控重点是防止引入被沙门氏菌污染的饲料原料。饲料原料的主要风险是动物源性蛋白，然后是植物蛋白，后者包括豆粕，豆粕是在豆粕厂生产的，豆粕厂可以采用与饲料厂相同的控制方法（表1-1）。

表 1 - 1　沙门氏菌的来源及危害

来源	来源于受污染的饲料原料，如油料籽实或水果、海洋动物（鱼粉）或陆生动物（肉骨粉） 环境来源，如禽舍和家禽粪便 饲养员和屠宰用动物，包括无症状携带者（猪、家禽和牛） 野鸟和啮齿动物；豆粕厂和饲料厂，特别是在没有充分实施卫生控制措施的情况下，可能会导致病原菌的生长
转移至动物源性食品的风险	高
对人类健康的潜在影响	高

资料来源：联合国粮食及农业组织和世界卫生组织，2019d。

1.1.2 单核细胞增多性李斯特菌

单核细胞增多性李斯特菌是一种广泛存在于农业和饲料/食品加工环境中的革兰氏阳性菌。与其他非孢子食源性致病菌［如沙门氏菌、肠出血性大肠杆菌（EHEC）］相比，单核细胞增多性李斯特菌对各种环境条件（如高盐或高酸）都具有抵抗力。单核细胞增多性李斯特菌在低氧条件和冷藏温度下也能生长，可在环境和加工厂中长期存活。

单核细胞增多性李斯特菌的一些污染源包括土壤、污水、饲草和水。对于未加工的饲料，如未加工的或粗加工的植物产品（如青贮饲料），如果没有适当控制生产，可能就会有利于单核细胞增多性李斯特菌繁殖。酿酒厂的谷物和其他经加工的植物源性饲料原料也可能携带大量的李斯特菌细胞。

人们注意到，青贮饲料中的单核细胞增多性李斯特菌的出现与动物李斯特菌病和奶牛、绵羊和山羊中的无症状携带者密切相关。在热处理前后的家禽饲料中均能检出单核细胞增多性李斯特菌。人们认为饲料厂是单核细胞增多性李斯特菌的源头之一，这表明颗粒饲料可能会再次受到污染。饲料和饲料原料中单核细胞增多性李斯特菌在干草和谷物等水分活度（Aw）较低的原料中的流行率较低（表1-2）。

表1-2 单核细胞增多性李斯特菌来源及危害

来源	无处不在：土壤、污水、水、饲料（未加工的饲料、草料、青贮饲料）、饲料厂、受污染的食品［肉类和肉制品，包括腌肉、未经巴氏灭菌的生奶和软奶酪等乳制品，以及预制海鲜（如熏鱼）］
转移至动物源性食品的风险	中
对人类健康的潜在影响	高，尤其是对年轻人、老年人、孕妇和免疫力低下人群

资料来源：联合国粮食及农业组织和世界卫生组织，2019d。

1.1.3 肠出血性大肠杆菌

大肠杆菌是一种革兰氏阴性菌，常见于人类和温血动物的肠道菌群中。有些大肠杆菌是致病性的，会引发人类疾病。其中，大肠杆菌O157：H7是常见的肠出血性大肠杆菌（EHEC）之一。肠出血性大肠杆菌是一种能够产生志贺毒素的大肠杆菌菌株。产志贺毒素大肠杆菌（STEC）又称产维罗（vero）毒素大肠杆菌（VTEC），是一种食源性人兽共患病病原体，可构成公共卫生风险。产志贺毒素大肠杆菌可通过粪口途径传播，通常会造成交叉污染，如通过饲料、水、食物或环境等病源，以及接触染疫动物。

在牛饲料中很少检测到大肠杆菌O157：H7，但有些文献表明，饲料可能是牛体内大肠杆菌 O157：H7 的来源之一。结合商业制粒所用的时间和温度条件，经调查研究后，得出的结论是，这一加工过程无法完全杀灭饲料中数量庞大的大肠杆菌 O157：H7（表 1-3）。

表 1-3　大肠杆菌［产志贺毒素大肠杆菌（STEC）］来源及危害

来源	牛、猪、鸟、其他食草动物（例如，作为携带者）、饲草、饲料（青贮）、水、食品（例如，未经巴氏灭菌的牛奶、未煮熟的碎牛肉、受污染的初级产品）
转移至动物源性食品的风险	中-低
对人类健康的潜在影响	高

资料来源：联合国粮食及农业组织和世界卫生组织，2019d。

1.1.4　梭状芽孢杆菌

梭状芽孢杆菌为革兰氏阳性产芽孢细菌。人们认为，如果产食性动物的饲料中存在这种细菌，则令人担忧。但与沙门氏菌相比，其危害程度较小。然而，同样需要注意的是，无法轻易通过饲料的加热和加压处理来中和梭状芽孢杆菌毒素和杀灭孢子，这意味着在饲料配合过程中可能会造成进一步污染。产气荚膜梭菌无处不在，普遍存在于土壤、受污染的食品（如生肉和家禽）、腐烂的植被、海洋沉积物、禽类肠道、家禽垫草以及人类和动物的肠道中。由于产气荚膜梭菌常见于粪便和土壤中，根据报告，它可以以营养细胞或内生孢子的形式存在于饲料中。

虽然产气荚膜梭菌通常是从环境和肉鸡肠道中分离出来的，但人们仍然质疑它是否能够污染饲料，这是因为除了病菌外，还需要启动因子才能诱发产气荚膜梭菌相关疫病。人们认为产气荚膜梭菌是引发食源性疫病的常见病原之一。这种细菌引起的食物中毒可能是因动物源性食品引发的，如肉类未完全煮熟或孢子在烹调后仍然存活。此外，如果熟食储存不当（如在室温下长时间储存），孢子可能会发芽并迅速繁殖（表 1-4）。

表 1-4　梭状芽孢杆菌来源及危害

来源	无处不在：土壤、腐烂的植被、海洋沉积物、家禽粪便、饲料（青贮饲草、谷物）、被胴体污染的饲料、受污染的食品（生肉、禽肉、乳制品）、人类和动物的肠道
转移至动物源性食品的风险	中-低
对人类健康的潜在影响	高

资料来源：联合国粮食及农业组织和世界卫生组织，2019d。

1.1.5 布鲁氏菌

布鲁氏菌是一种革兰氏阴性小型球菌。人类食用被布鲁氏菌污染的动物源性食品，如牛奶、奶制品或未煮熟的肉类，可能会感染布鲁氏菌。

布鲁氏菌病在世界许多地区普遍存在。布鲁氏菌可通过多种方式传播，包括直接接触染疫动物的受感染组织或体液、食用染疫动物的初乳或奶汁，或食用已经被染疫组织或体液污染的饲料或水（表1-5）。

表1-5 布鲁氏菌来源及危害

来源	动物：摄入受感染的组织或体液，如流产的胎儿、分娩组织和体液、初乳或受污染的饲料 人类：暴露于受污染的环境或物体、职业暴露（如暴露于染疫动物）、食源性（如受污染的动物源性食品，如生奶或奶油或奶酪等奶制品或未煮熟的肉类）
转移至动物源性食品的风险	中
对人类健康的潜在影响	高

资料来源：联合国粮食及农业组织和世界卫生组织，2019d。

1.1.6 分枝杆菌

分枝杆菌是放线菌门的混合革兰氏杆菌，是世界上重要的人类和动物慢性疾病病原，可侵入肺部、皮肤和肠道。分枝杆菌能够导致肺结核、麻风病和溃疡性结肠炎等人类疾病。禽分枝杆菌复合菌株与结核病有关，常见于食物、水和土壤中。

分枝杆菌广泛分布于环境中，特别是在水生动物栖息的水库中。饲料的污染源很多，包括在草料和土壤微粒中因意外存在的尸体成分。分枝杆菌在酸性较强的土壤中易存活，且处于营养休眠状态。这种微生物无法在经干燥处理后的环境中存活，即无法在干草和谷物中存活。但据报告，禽分枝杆菌副结核亚种能够在青贮饲料中存活。这种细菌可通过受感染养殖场的受污染粪便传播（表1-6）。

表1-6 分枝杆菌来源及危害

来源	禽分枝杆菌副结核亚种（MAP）：粪口传播、自由采食的反刍动物、受污染的牧场和饲料 鱼感染分枝杆菌：摄入被污染的饲料、其他被感染的鱼及其粪便
转移至动物源性食品的风险	对鱼类高，对食品低
对人类健康的潜在影响	低

资料来源：联合国粮食及农业组织和世界卫生组织，2019d。

1.2 病毒

饲料在储存、运输和加工过程中可能会受到病毒污染。

1.2.1 朊病毒

牛海绵状脑病（BSE）是传染性海绵状脑病（TSE）的主要表现形式，由朊病毒引起，朊病毒是宿主特异性蛋白的一种修饰形式。这些蛋白具有很强的耐热性，能够在动物神经系统中持续存在，并导致不可逆转的神经病理障碍。羊瘙痒病是一种能够影响绵羊和山羊的传染性海绵状脑病。因朊病毒蛋白对蛋白水解酶有抵抗力，在神经系统器官中大量积聚形成了其病理形态。朊病毒成为饲料和食品中的污染物时，其流行病学状况和污染背景与化学污染物或生物污染物的流行病学状况和污染背景不同：朊病毒疫病总是呈渐进性和不可逆性，有遗传性和耐药性，或者不可治愈。详细分析表明，易感动物最有可能的感染途径是经口摄入朊病毒。这些朊病毒来源于用作饲料原料的某些反刍动物副产品。对特定饲料原料的使用限制因国家而异。世界卫生组织建议至少避免给反刍动物饲喂反刍动物副产品，但牛奶、牛脂和明胶除外。

为在饲料和食品生产链的特定阶段灭活朊病毒，人们已经采取了一些措施，如堆肥处理、氯处理和严格清洁、热处理以及酸处理或碱处理，不过似乎并没有达到预期效果。该病毒可在同一物种的个体之间传播，为控制传播，必须杀死染疫动物，必须销毁动物尸体。人们主要是通过对安乐死动物的脑组织样品进行组织学分析来确认疑似病例。目前，国际社会对此病的监测重点包括有针对性地检测高风险牛，这是检测牛海绵状脑病染疫动物的最有效的方法（表1-7）。

表1-7 朊病毒来源及危害

来源	用作饲料原料的反刍动物副产品。一些特定器官可能含有朊病毒：大脑、脊髓、三叉神经节、远端回肠、脾和眼睛 这些器官被标明为特定风险物质（SRM），不允许进入食品加工链，或世界卫生组织建议剔除
转移至动物源性食品的风险	很高。当动物源性食品中包含特定风险物质时，很容易转移朊病毒
对人类健康的潜在影响	很高。变种克-雅二氏病 Creutzfeld - Jacob（VCJD）是人类牛海绵状脑病，与牛海绵状脑病一样，克-雅二氏病是不可逆的、致命的

资料来源：联合国粮食及农业组织和世界卫生组织，2019d。

1.3　体内寄生虫

体内寄生虫是生活在宿主体内的寄生虫。一些体内寄生虫，如带绦虫、竹节绦虫、棘球绦虫、旋毛虫和弓形虫，对人类健康有影响，并与饲料有关。

在扁形动物门中，多节绦虫亚纲的一个重要分类包括带绦虫属、双叶绦虫属和棘球绦虫属。绦虫病是绦虫引发的肠道感染，其中主要是猪带绦虫（猪肉绦虫）和牛带绦虫（牛肉绦虫）。囊虫病是由于摄入绦虫卵而引起的囊尾蚴对身体组织的感染。裂头绦虫病是由裂头绦虫属的绦虫引发的一种寄生虫病，通常由阔节裂头绦虫（*Diphyllobothrium* Latum）引起。棘球蚴病是由绦虫引起的一种寄生虫病，是一种人兽共患病。

旋毛虫属线虫动物门。旋毛虫病是由旋毛虫属中的线虫（蛔虫）引起的。人类因摄入含有包囊（幼虫）的肉类而感染。旋毛虫是典型的病原体。

顶复动物亚门，包括需要借助孢子才能传播的寄生原虫，弓形虫属顶复动物亚门。弓形虫病是由刚地弓形虫引起的，主要感染包括人类在内的温血动物（表1-8）。

表1-8　体内寄生虫来源及危害

来源	带状绦虫：摄入未煮熟的含虫卵（幼虫）的猪肉或牛肉等 裂头绦虫：食用受感染的鱼 棘球蚴：通过受污染的食物、水或土壤摄入虫卵，或通过直接接触动物宿主的方式摄入虫卵 旋毛虫：食用受感染的生肉或未煮熟的肉；据报道，马肉和野生动物肉是第二大食物载体。在北极熊和海象等肉食动物的肉中也发现了旋毛虫 弓形虫：食用生肉或未煮熟的肉，特别是猪肉或羊肉，但也有相关野生动物肉（红肉和内脏）的报告。据报道，新鲜农产品、海鲜和乳制品被列为第二大食物载体
转移至动物源性食品的危险	中
对人类健康的潜在影响	高

资料来源：联合国粮食及农业组织和世界卫生组织，2019d。

1.4　化学危害

饲料中可能存在各种化学危害。其中一些危害，如二噁英和重金属，是在工业生产过程中污染空气、水和土壤而产生的，可能存在于环境中。其他危害，如真菌毒素，普遍存在于谷物和谷物副产品中。植物毒素在世界许多地方也普遍存在，影响着动物和人类的健康。

1.4.1 持久性有机污染物

持久性有机污染物（POPs）是指在环境中持续存在、通过饲料/食品链形成生物累积并可能对人类健康造成不利影响的化学物质。它们无处不在，具亲脂性，因此它们通常在动物富含脂肪的组织中形成生物累积。

1.4.1.1 二噁英（PCDDs 和 PCDFs）和类二噁英多氯联苯（dl – PCBs）

二噁英是多氯代二苯并-对-二噁英（polychlorinated dibenzo – p – dioxins，PCDDs）和多氯代二苯并呋喃（polychlorinated – dibenzofurans，PCDFs）的总称。实际上只有 7 种 PCDDs 和 10 种 PCDFs 与饲料安全相关（至少含有 4 个氯，且 2、3、7、8 这 4 个位置都含有氯），因为它们往往会在食品链和人体内积累。有 12 种多氯联苯至少含有 4 个氯苯且在非邻位没有或只含有 1 个（单邻位）氯，其性质与持久性更强的多氯代二苯并-对-二噁英（PCDDs）非常相似。这些多氯联苯（PCBs）被称为类二噁英多氯联苯（dl – PCBs）。

二噁英，包括多氯代二苯并-对-二噁英、多氯代二苯并呋喃、类二噁英多氯联苯，在环境中普遍存在。虽然二噁英和类二噁英多氯联苯在毒理学和化学上有相似之处，但它们的来源不同。

多氯联苯，包括类二噁英多氯联苯，是 20 世纪 30—70 年代人类有意大量生产的，并被广泛应用。当前在现有的封闭系统中仍然使用多氯联苯，在一些固体基质中（例如，密封材料和电容器）含有多氯联苯。众所周知，某些商用多氯联苯中含有多氯代二苯并呋喃，因此可以认为这是二噁英污染的潜在来源。

如今类二噁英多氯联苯的释放是因为泄漏、突发性溢漏和非法废弃，以及热加工过程中的空气排放造成的。从密封剂和其他老旧基质的应用中释放出来的危害是微不足道的。

二噁英也是一些人类活动产生的有害副产品，如有些工业过程（如化学品生产、冶金工业）和燃烧过程（如废弃物焚烧）产生的副产品。有事实证明，化工厂发生事故时，会导致在当地排放大量二噁英，造成高度污染。二噁英的其他来源包括家用加热器、农业废弃物焚烧和家庭废弃物的户外焚烧。火山喷发和森林火灾等自然过程也会产生二噁英。

二噁英释放到空气中后，可能会局部沉积在地面植物上，进而污染饲料。二噁英也可以通过远距离的大气传输而广泛分布。沉积量随距离污染源的远近、植物种类、天气条件和其他特定条件（如纬度、海拔、温度）不同而异。

二噁英和类二噁英多氯联苯主要沉积在动物源性食品（如家禽、鱼、蛋、肉和奶）的脂肪成分中，人类通过膳食而摄入这些物质。在泌乳动物体内，二噁英和类二噁英多氯联苯成分与乳脂一起排出体外，而在蛋鸡体内，污染物集中在鸡蛋蛋黄的脂肪部分。为减少这种物质转移，应考虑对饲料和饲料原料采取控制措施，并实施良好的农业、饲养、制造和储存规范。《国际食品法典——动物饲养良好规范法典》介绍了商业饲料和养殖场饲料生产中应遵守的规范（联合国粮食及农业组织和世界卫生组织，2008a）。采取措施减少饲料中二噁英和类二噁英多氯联苯的含量，可在很大程度上对源自养殖场动物（包括养殖鱼类）的动物源性食品中的二噁英和类二噁英多氯联苯浓度产生重大影响。这些措施可包括（联合国粮食及农业组织和世界卫生组织，2018）：

- 鉴别饲料供应生态系统中可能受到污染的区域。
- 鉴别经常受到污染的饲料或饲料原料的来源。
- 监测饲料和饲料原料是否符合国家制定的指导标准或最高标准（若有）。

如果饲料中此类化学物的含量远高于食品中的含量，这些化合物可能致癌。因此，国际癌症研究所（IARC）将它们归类为致癌物，但它们没有遗传毒性（联合国粮食及农业组织和世界卫生组织，2019b）。

要解决饲料中二噁英和类二噁英多氯联苯构成的食品安全风险，就需要了解饲料中脂类的含量以及这些危害在饲料中的同源化合物的信息，因为这会影响从饲料向食品转移的危害。一般来说，一些同源化合物一旦被吸收，就会被代谢掉，从而改变同源化合物的特征。二噁英和类二噁英多氯联苯只能被慢慢消除，因此食品中此类化合物的含量取决于饲料中的此类化合物的含量和暴露时间的长短。特别是绵羊和山羊肝中沉积的二噁英尤其重要（联合国粮食及农业组织和世界卫生组织，2019d）。

1.4.1.2　非类二噁英多氯联苯（ndl‐PCBs）

非类二噁英多氯联苯是一种人造化学品，是不同氯化级别的化合物，称为Aroclors、Kan‐eclors或Clophens。非类二噁英多氯联苯在化合物中的含量很高，因此也更易于检出，人们对非类二噁英多氯联苯的监测时间远比二噁英长得多。这里特指的是数量众多的同系物，以前称为指示剂非类二噁英多氯联苯（PCBs 28、PCBs 52、PCBs 101、PCBs 118、PCBs 138、PCBs 153、PCBs 180）。PCB 118是单邻位多氯联苯，实际上被认为是一种类二噁英多氯联苯。因此，欧盟立法将这种多氯联苯从名录中删除，剩下的6种多氯联苯现在被称为非类二噁英多氯联苯。在过去使用的各种化合物中，这6种非类二噁英多氯联苯只占全部多氯联苯的一小部分。由于此类化合物的广泛使用和对环境的污染，可在饲料中检出含量较低（微克/千克）的非类二噁英多氯联苯（联合国粮食及农业组织和世界卫生组织，2019d）。

非类二噁英多氯联苯是一种化学合成物，用于电力变压器、热交换设备以及某些颜料和涂料。由于它们在环境中的持久性，其生产已被停止，不过出于同样的原因，它们仍然在环境中存在，并可能进入饲料链/食品链。多氯联苯-油的燃烧会形成多氯代二苯并呋喃。此外，某些建筑材料可能会受到非类二噁英多氯联苯的污染。将污泥用作肥料可能会污染土壤和植物。对于二噁英和非类二噁英多氯联苯，鱼粉和鱼油可能含有相对较多的非类二噁英多氯联苯，因此水产养殖使用的饲料中也可能含较多的非类二噁英多氯联苯。随着人们对水产养殖业的了解，采用去污程序处理来自低污染地区的鱼粉和鱼油，以及放弃鱼类原料转而使用植物源性原料后，降低了饲料中非类二噁英多氯联苯的含量（表1-9、表1-10）。

表1-9 二噁英和类二噁英多氯联苯来源及危害

来源	人工制造的和自然的；工业区植物和土壤环境中的含量增加；使用从受污染地区捕捞的鱼生产鱼粉和鱼油；黏土矿物；使用不适当的燃料直接干燥饲料原料
转移至动物源性食品的风险	奶、蛋较高 鱼类较高 养殖场动物肉类中等 肝较高
对人类健康的潜在影响	大

资料来源：联合国粮食及农业组织和世界卫生组织，2019d。

表1-10 非类二噁英多氯联苯来源及危害

来源	人工合成物；电力变压器、热交换设备等的多氯联苯化学合成物；油漆和涂料；使用受污染地区捕捞的鱼生产的鱼粉和鱼油；使用不适当的燃料直接干燥饲料原料；陈旧的油漆和密封剂碎片；设备泄漏
转移至动物源性食品的风险	奶、蛋较高 鱼类较高 养殖场动物肉类和组织中等
对人类健康的潜在影响	多氯代二苯并呋喃和类二噁英多氯联苯的混合物影响后果不详

资料来源：联合国粮食及农业组织和世界卫生组织，2019d。

为解决非类二噁英多氯联苯问题，特别是更新与饲料相关的规定，国际食品法典委员会通过了《预防和减少食品/饲料中的二噁英、类二噁英多氯联苯和非类二噁英多氯联苯的操作规范》的修订本（联合国粮食及农业组织和世界卫生组织，2018）。

1.4.2　真菌毒素

真菌毒素是在农产品采收前或采收后，或在农产品运输或储存过程中，生长在农产品上的各种真菌产生的一类次级代谢产物。一些真菌，如镰刀菌属，通常在农产品采收前感染谷物；其他真菌，如青霉属真菌，可以在农产品采收后感染谷物，而曲霉属真菌则可以在农产品采收前后在谷物中生长。需要强调的是，真菌的存在并不一定意味着可以检出真菌毒素；相反，没有真菌并不一定意味着没有真菌毒素。

内在因素和外在因素都会影响真菌在特定基质上生长和真菌毒素产生。影响真菌毒素产生的内在因素包括水分活度、酸碱度和氧化还原电位，而影响真菌毒素产生的外在因素包括相对湿度、温度和氧气的供应。

可在饲料和饲料原料，如玉米、高粱、大麦、小麦、米粉、棉籽粕、花生、大豆和其他豆类中发现的真菌毒素，大多数是相对稳定的化合物，不会因饲料加工而被破坏，甚至可以被浓缩。

不同种类的动物会以不同的方式代谢真菌毒素。在猪体内，赭曲霉毒素 A 可经过肠-肝循环，被缓慢消除，而禽类则可迅速随排泄物排出这种毒素。烟曲霉毒素等极性真菌毒素往往被迅速排出。

肉类、内脏器官、奶和鸡蛋中可检出真菌毒素或其代谢物。它们在食品中的浓度通常远远低于动物食用的饲料中的浓度，不太可能造成人类急性中毒。然而，动物源性食品中残留的致癌真菌毒素，如黄曲霉毒素 B_1、黄曲霉毒素 M_1 和赭曲霉毒素 A，会对人体健康构成威胁，因此应对其含量进行监测和控制。奶牛、山羊和绵羊等产奶动物食用被黄曲霉毒素 B_1 污染的饲料后，可在体内代谢掉真菌毒素，真菌毒素以黄曲霉毒素 M_1 的形式随乳汁排出体外。虽然黄曲霉毒素 M_1 的毒性低于黄曲霉毒素 B_1，但它也是一种致癌化合物。

黄曲霉毒素经常出现在热带和亚热带地区生产的商品中，如花生和玉米。黄曲霉毒素污染在非洲、亚洲和南美地区最为常见，但常发生在北美洲和欧洲较温暖的地区。

赭曲霉毒素 A 是由多种植物中的青霉和曲霉产生的。受影响的商品包括谷物及其制成品、豆类和坚果。

赭曲霉毒素 A 是脂溶性的，可在血液中检出。这种毒素主要储存在肾和肝中，并被转移到动物源性食品中，但这种转移的量通常很低。赭曲霉毒素也可能转移到鸡蛋中，特别是饲料污染程度很高时。

镰刀菌毒素通常存在于小谷物中，如小麦、大麦和燕麦，以及玉米或大豆中。这些植物在采收前受到感染，真菌毒素主要是在植物田间生长阶段产生的。

动物体内的镰刀菌毒素转移到肉类、鸡蛋、肝和奶等动物源性食品中的可能性非常低，因此镰刀菌毒素通过这些途径对人类健康造成的影响也是有限的。可能例外的是玉米赤霉烯酮（ZEN）的代谢物玉米赤霉醇（α-Zearalol），人们已在牛奶中检出残留。

与牧养的动物相比，谷物喂养的动物更容易接触到不同种类的真菌毒素。此外，有些真菌能够产生一种以上的真菌毒素，而有些真菌毒素是由一种以上的真菌产生的。

样品交叉污染水平很高的，可能是由于多种真菌毒素的协同相互作用而产生的不良影响。显性真菌毒素和隐性真菌毒素也可能构成饲料的整体毒性，通常可通过多真菌毒素液相色谱-质谱（LC-MS/MS）分析法检出这两种毒素。

诸如麸皮、秸秆、干酒糟及其可溶物（DDGS）之类的副产品饲料，往往浓缩了原始基质中的真菌毒素，它们对饲料的整体污染程度过高，因此需要特别注意。

毛霉烯类真菌毒素包括脱氧雪腐镰刀菌烯醇（DON）、玉米赤霉烯酮（ZEN）、雪腐镰刀菌烯醇（NIV）和T-2/HT-2毒素，广泛存在于多种谷物中。脱氧雪腐镰刀菌烯醇是全球饲料原料中受监管最严格的三氯乙烯。温带气候地区的玉米（及其衍生产品）可能含有脱氧雪腐镰刀菌烯醇（DON）、玉米赤霉烯酮（ZEN），而亚热带地区的玉米更容易受到烟曲霉毒素和黄曲霉毒素的污染，特别是在遭遇干旱或虫害之后。据报告，小麦麸皮、玉米及其产品（如玉米粉、玉米片）中的玉米赤霉烯酮含量较高。青贮饲草和牧草是玉米赤霉烯酮的重要来源。

麦角生物碱是由麦角真菌产生的，这种真菌存在于各种小谷物中。小谷类作物抽穗时，麦角真菌会以麦角菌硬粒的形式出现。麦角生物碱存在于各种饲料中，含量不等，主要存在于谷类和谷类副产品中，以及黑麦、高粱和小米及其副产品中。

饲料和饲料原料生产过程中的真菌毒素污染程度取决于当地的天气条件。因此，永远不可能完全预防因植物感染而发生的真菌和真菌毒素污染。随着目前全球不同地区的气候变化趋势（全球变暖、非常规降雨、严重干旱和意外洪涝灾害），在作物采收前，通常具备了真菌毒素产生的基本条件。真菌毒素污染增加的其他原因可能是由于长途运输、运输规模加大和长时间大批量储存。

氨合作用可降低黄曲霉毒素污染饲料的毒性。另一种有应用前景的方法是臭氧氧化。可以在饲料和饲料原料中添加黏合剂，以降低真菌毒素在消化道中的生物利用率。矿物吸附剂，如矿物黏土，通常用来结合黄曲霉毒素和其他真菌毒素。也可应用活性炭以及含有酵母和甘露低聚糖的黏合剂（表1-11）。

表1-11　真菌毒素来源及危害

来源	黄曲霉毒素：玉米、花生、向日葵产品、椰子 赭曲霉毒素A：谷物、豆类、坚果 镰刀菌毒素：小麦、大麦、燕麦、玉米、玉米麸质饲料、大豆皮 麦角生物碱：黑麦、高粱、高羊茅
转移至动物源性食品的风险	黄曲霉毒素B_1转移至牛奶的风险中等（代谢成黄曲霉毒素M_1） 黄曲霉毒素B_1转移至蛋、肉等的风险低 赭曲霉毒素A转移至血液/血清的风险高 赭曲霉毒素A转移至肾、肝的风险中等 赭曲霉毒素A转移至其他产品的风险低 镰刀菌毒素的转移风险低 麦角生物碱的转移风险低
对人类健康的潜在影响	奶中的黄曲霉毒素M_1对人体健康风险高 肾/肝中的赭曲霉毒素A对人体健康风险尚不确定 除牛奶中的玉米赤霉醇外，不适用于其他真菌毒素

资料来源：联合国粮食及农业组织和世界卫生组织，2019d。

1.4.3　植物毒素

植物毒素是由植物产生的代谢产物，对动物和人类具有广泛的毒害作用。

有些植物在世界各地普遍存在（如茄子属、黑麦草属植物），但也有一些植物仅限于特定的地理区域，如槐蓝属仅见于热带和亚热带地区。非洲的大戟属泽漆或奴美大戟（*E. nubica*）会造成雌性动物和它们的幼崽中毒。此外，动物物种之间的易感程度（考虑年龄、体格、性别和生理阶段）可能会有所不同，这取决于毒素的化学性质、食用的毒素的数量和种类（即生物碱、茄碱、皂苷、草酸盐、糖苷、棉酚等）、食用的植物部分（植物全部、叶子、根、籽实）、植物的成熟程度以及植物的环境和地理区域，这意味着与植物毒素相关的问题可能仅限于局部地区。植物毒素浓度在不同季节（雨季或旱季）和不同年份可能会有所不同，这就使风险估计变得十分困难。

致使反刍动物草酸中毒的主要植物包括盐生草（*Halogeton glomeratus*）、蒙达拿酢浆草（*Oxalis* spp.）、大黄（*Rheum rhaponticum*）、卷叶酸模（*Rumex crispus*）、马齿苋（*Portulaca oleracea*）、藜（*Chenopodium album*）、

沙冰藜属（*Bassia hyssopifolia*）、黑肉叶刺茎藜（*Sarcobatus vermiculatous*）、俄罗斯蓟（*Salsola kalis*）和甜菜（*Beta vulgaris*）。在热带和亚热带地区广泛栽培的蒺藜草属（*Cenchrus*）、黍属（*Panicum*）和狗尾草属（*Etaria*）等的草本植物也会积累大量有毒的草酸。其他引起肝病和光敏反应（对阳光敏感）的植物通常被归为一类，这是因为光敏反应通常是由有毒植物（葱属植物、金丝桃科贯叶连翘种植物）引起的肝疾病的继发症状。含有吡咯里西啶生物碱（PA）的植物（如 *Thermopsis rhombiolia*、*Amsinkia intermedia*、*Senecio* spp. 和 *Symphyum* spp.）可引起肌肉退化、肝坏死、死亡。有些植物含有胡椒碱生物碱等神经毒素（如斑片）。有些植物含有可转化成氰化氢或氢氰酸的生氰糖苷化合物，如顶羽菊属（*Acroptilon repens*）、黄星蓟（*Centaurea solstitalis*），可导致神经紊乱、共济失调和死亡。

动物暴露于植物毒素的主要途径是通过放牧或食用了芸薹属植物的叶子或秋水仙草、千里光菊、木贼、提格洛钦等植物的干草和青贮饲料。

在牧场，通常生长着对牲畜有潜在危害的杂草。植物体内的有毒化合物通常是一种抵御捕食的防御机制，具有一种独特的难闻气味或苦味，一般不会被优先食用。在某些情况下，主要是在没有其他草料可以进食的情况下，动物就会大量食用难吃的植物。有些植物，如那些含有硝酸盐的植物（如双色高粱、常绿粟、藜、苋），在降雨后或凉爽多云的早晨和晚上毒性会增加。

在生长着牧草的草原上，可能混杂着含有毒素的植物。天然产生的毒素包括吡咯里西啶生物碱（如新疆千里光的夹可灵生物碱）和其他生物碱（如阿托品、可卡因、麻黄碱、吗啡、尼古丁、龙葵素）、萜类（如樟脑、蒎烯）、四氢大麻酚、棉酚、异黄酮和糖苷（如生氰苷、洋地黄）、硫代葡萄糖苷、蓖麻毒素、可可碱、托烷生物碱和皂苷。已经证明，其中一些毒素可以转移到奶和肉类等食品中。

《国际食品法典——预防和减少食品和饲料中的吡咯里西啶生物碱污染操作规范》介绍了通过控制杂草来处理这类污染物的方法。今后，在收集关于现有做法及其效力方面的更多信息后，可能会采取更多管理措施，使产食性动物（牲畜和蜜蜂）减少暴露于含吡咯里西啶生物碱植物的机会，以及减少商品（原料和工艺）中吡咯里西啶生物碱的含量（联合国粮食及农业组织和世界卫生组织，2014b）（表 1 - 12）。

表 1 - 12　植物毒素来源及危害

来源	动物在放牧时食用的植物、保存的粗饲料（如干草）、谷物、饲料和饲料原料、生物燃料生产过程产生的副产品（如菜籽粕） 注：在世界不同地区，产生危害的植物和毒素可能有很大不同

（续）

转移至动物源性食品的风险	一些具有遗传毒性和致癌特性的毒素会转移到肉类、奶和鸡蛋中。研究人员审查了吡咯里西啶生物碱的转移情况，转移率取决于吡咯里西啶生物碱的类型
对人类健康的潜在影响	低/中

资料来源：联合国粮食及农业组织和世界卫生组织，2019d。

1.4.4　农药残留

农药残留是指因使用农药而在食品、农产品、饲料中残留的特定物质。在国际食品法典委员会食品和饲料农药残留数据库（联合国粮食及农业组织和世界卫生组织，2019b）中，可查阅农药和复合商品相关的国际食品法典委员会最大残留限量（MRL 或 CXLS）和国际食品法典委员会再残留限量（EM-RLs）的资料。可在《国际食品法典——食品和动物饲料分类》中查找到商品的名称和定义，包括最大残留限量所依据的组别和次组别（联合国粮食及农业组织和世界卫生组织，1993）。农药残留可能是空气、水和土壤等环境因素的重要污染源。农药残留可能与植物源性饲料原料有关，如谷物。农药是一组用来消灭或控制昆虫、杂草、真菌、细菌等的化学物质。农药主要分为熏蒸剂、杀虫剂、杀真菌剂、杀细菌剂、除草剂和灭鼠药。大多数农药都能杀死各种各样的害虫或杂草，但也有一些专治特定的害虫或病原体。农药具有亲脂性强、生物蓄积性强、半衰期长、长距离迁移性等特点，这就增加了污染环境的机会，即使是在使用多年以后也是如此。

1.4.5　有机氯残留

有机氯农药（OCS）的主要代表是二氯二苯基三氯乙烷（DDT）、林丹（y - HCH）、六六六中的 α - HCH 和 β - HCH、艾氏剂和狄氏剂、异氰菊酯、氯丹、七氯、毒杀芬（樟脑胺）、六氯苯（HCB）和硫丹。这些物质在过去曾被广泛用作杀虫剂，是主要的环境污染物。尽管在 2011 年，硫丹已被列入应在世界范围内消除的持久性有机污染物名录，硫丹仍然是一些国家仍在使用的少数有机氯农药之一。有机氯农药的主要毒副作用是对神经系统和肝的影响。

在发展中国家，使用有机氯农药保护植物的情况已经得到限制且正在减少。在一些地区，滴滴涕仍用于控制蚊子传播疟疾。由于有机氯农药在环境中的持久性，所以经常在饲料中被检出。通常在动植物源性脂肪和油脂中的含量最高。有机氯农药通常是脂溶性的，可以转移到脂肪组织、肝、鸡蛋和奶中。一些有机氯农药可在动物组织中发生生物沉积。饲料中的农药残留是因为使用了经过农药处理的植物或者有意在饲料中添加杀虫剂以控制害虫，包括使用了农药配方中的物质（载体、凝聚物、添加剂）、喷雾时偏离了既定目标、使用了在播种前用杀菌剂或杀虫剂处理过的谷物，但随后将该谷物（意外地）用于生产饲料，以及没有按照监管部门预先批准的方式使用由处理过的植物制成的饲料（例如，使用水果和蔬菜残渣）（表1-13）。

表1-13 有机氯农药残留来源及危害

来源	人为的；环境污染；动物源脂肪饲料原料，特别是鱼油等鱼源性产品；化学废弃物处置不当；对于硫丹，植物油是饮食暴露的主要因素
转移至动物源性食品的风险	滴滴涕、β-六六六、艾氏剂、狄氏剂、恩德林（异狄氏剂）、七氯、六氯苯转移率高 林丹、α-六六六、氯丹的转移率中等 硫丹的转移率低 毒杀芬转移率是可变的
对人类健康的潜在影响	高，重要的代表农药被归类为第1类、2A类或2B类致癌物

资料来源：联合国粮食及农业组织和世界卫生组织，2019d。

1.4.6 兽药残留

使用兽药是为了预防或治疗疫病或促进动物生长。给大量动物施药最为实用的方法是将批准使用的兽药添加到饲料中。

饲料生产过程中，使用动物源性（陆生和水生）原料时，原料中的兽药残留可能会转移到饲料中，从而在饲料中残留兽药。此外，发酵过程中用来控制某些饲料原料（如维生素、干酒糟及其可溶物、昆虫）生产和加工过程中的生物污染的抗生素也可能是污染源。

如果未能妥善管理，受污染的饲料可能会直接危害食用了该种饲料且对其中残留兽药敏感的动物，导致动物源性食品（如肉、奶和蛋）中形成兽药残留，使其不能安全地供人类食用，并产生抗生素耐药性（AMR）（联合国粮食及农业组织和世界卫生组织，2019e）。

1.4.7 潜在有毒元素

一些矿物质对促进动物的健康和生产力是必不可少的，具有明确的营养作用和生化作用。许多其他矿物质天然存在于动物的食物和组织中，但人们通常认为这些矿物质的营养作用是有益的，是一种不可避免的污染物。

动物可能会暴露在各种来源的潜在有毒元素中。饲料和饲料原料，特别是那些从植物中提取的原料，是潜在有毒矿物质的常见来源。采矿、冶炼和其他工业往往与当地水、土壤和空气中的矿物质污染有关，最终也会对该地区生长的植物造成污染。动物源性饲料和饲料原料也可能是有毒矿物质的来源，如鱼粉（表 1-14）。

表 1-14　兽药残留来源及危害

来源	人为的（治疗、预防和促生长）和天然的（由微生物产生）加药饲料的交叉污染（例如，生产工厂的意外污染）。使用曾暴露于抗生素的动物或植物生产的饲料 养殖鱼类暴露于被残留物污染的废水和排泄物 在生产饲料的过程中使用抗生素（例如，工业发酵过程，如使用农产品生产生物燃料）
转移至动物源性食品的风险	陆生动物的肾和肝中通常含量较高（在饲料意外污染的情况下不考虑停药时间） 其他食品（如奶、鸡蛋）中的含量是可变的（低-高）
对人类健康的潜在影响	大多数抗生素的影响都小 抗球虫药的影响小

资料来源：联合国粮食及农业组织和世界卫生组织，2019d。

人们通常将矿物质补充剂添加到动物饮食中，以补充草料和其他饮食成分中的不足。某些矿物质补充剂可能含有潜在毒性水平的矿物质，这取决于补充剂的来源和加工方法。由于饲料配方和生产工艺中的错误操作或储存或运输过程中的污染，矿物质的毒性水平可能会意外超标。

通常，动物可以充当一些植物或补充剂中发现的高浓度矿物质的重要缓冲，从而减轻人类对潜在有毒矿物质的蓄积程度。然而，有些矿物质可能会在供人类食用的动物组织中沉积，其浓度可能会对人类健康产生不利影响。

1.4.7.1　砷

无机砷化合物具有高度毒性，而有机砷化合物的毒性要小得多。砷的毒性还取决于砷的化合价；三价砷的毒性比五价砷的毒性更大。无机砷被国际癌症研究所列为人类致癌物。

砷的含量差异很大，通常在海洋生物中的含量较高，包括鱼类。然而，在鱼类体内，砷有多种化学形态，其主要形态是砷甜菜碱，人们认为，这对人体无毒，可未经代谢迅速排出。饲料中砷的浓度反映了饲料所含鱼粉的数量和来源。在美洲和亚洲一些地区，地下蓄水层的天然砷含量很高。这些化学物质进入饲料/食品链，可在水和空气中存在。植物源性饲料和饲料原料中的砷含量取决于土壤中砷的含量、砷的特性、砷化合物的存在情况、植物的种类和灌溉用水中的砷含量。在使用已被污染的天然地下水水源的地区，动物通过饮用水暴露于无机砷的程度远高于通过食用饲料暴露于无机砷的程度。

无机砷从饲料到动物源性食品的转移率很低。在哺乳动物中，无机砷被代谢成有机砷。人们认为，陆生动物源性食品对人类暴露于砷的影响是微乎其微的。

1.4.7.2 镉

镉会对人类和动物的肾、骨骼和呼吸系统造成不良影响。

植物源性饲料中镉的含量取决于土壤中镉的含量、土壤特性、磷肥的使用和植物种类。有时，氧化锌等矿物质补充剂中的镉含量是不可接受的。

镉向牲畜肌肉转移的量一般很低，而向甲壳类动物转移的量则较高。牲畜摄入的饲料中的镉和土壤中的镉会在牲畜肾和肝中沉积。由于镉在牲畜体内的半衰期很长，因此采食含镉饲料的时间及饲料中含镉的浓度决定了镉在这些器官中的浓度。

1.4.7.3 汞

有机汞，主要是甲基汞，比无机汞的毒性要大得多。无机汞主要是损害肾。有机汞主要是对神经系统造成不良影响。甲基汞在海洋饲料链/食品链中的影响较大，在掠食性大型鱼类中的浓度最高。

鱼粉是饲料中甲基汞的重要来源。饵鱼可能是某些海水养殖掠食性鱼类（如金枪鱼）中甲基汞的重要来源。植物性饲料中的甲基汞含量非常低。

养殖场动物体内的甲基汞含量通常处于或低于定量限（LOQ）。

1.4.7.4 铅

铅会影响神经发育，在神经系统和胃肠道中发生作用。放牧动物铅暴露的主要来源是动物摄入的土壤。有时，氧化锌等矿物质补充剂中铅的含量不可接受。在陆生动物中，铅在骨骼、肾和肝中沉积，而铅向动物肌肉和奶转移的量一般较少（表1-15）。

表1-15 潜在有毒元素来源及危害

	砷	镉	汞	铅
来源	人为的与天然的、环境污染、动物源性成分，特别是鱼粉、动物饮用水、灌溉用水	工业污染、环境污染，人为的和天然的，某些化肥，含镉的灌溉用水	人为的、工业污染和环境污染，掠食性鱼类的饵鱼、水产养殖鲑制作的鱼粉	人为的和天然的、环境污染
转移至动物源性食品的风险	向哺乳动物、禽类和鱼类的转移量少	向牲畜和鱼类肌肉的转移量较少 甲壳类动物中可能含量较高 奶、蛋中含量低或没有	向大型鱼类的转移量较多	向奶、肉类的转移量少 向肾、肝、绵羊肌肉的转移量少

（续）

	砷	镉	汞	铅
对人类健康的潜在影响	微不足道	低	有机汞的影响大，主要是甲基汞	对儿童影响大，对成年人影响小

资料来源：联合国粮食及农业组织和世界卫生组织，2019d。

1.4.7.5 其他潜在有毒元素

可能需要关注硒、铬、铜和镍等其他元素，这取决于饲料中污染的类型和水平。

1.5 物理危害

物理危害可定义为通过制造过程、储存和运输引入饲料和饲料原料中的危害。除了一些罕见的例子（例如，油墨转移到食品中），物理危害不会转移到动物组织中，因此不必担心食品安全问题。

1.5.1 放射性核素

放射性核素是一种物理危害，可构成食品安全风险。特别重要的是，存在于饲料（包括草料）中的铯-134、铯-137、锶-90 和碘-131 可能会转移到食品中。放射性核素的主要来源包括受污染的土壤、水和草料。经证实，放射性碘可以转移到奶中，放射性锶可以转移到骨头中，放射性铯可以转移到奶、蛋和肉类中。风险评估时，需要考虑的因素包括放射性元素的半衰期及其毒代动力学。放射性碘会在相对较短的时间段内消失，半衰期为 8 天。铯的生物半衰期超过 60 天。在动物食用的饲料中，大约 90% 的放射性铯通过粪便和尿液排出体外，其余的则通过奶排出或残留在肌肉中。使用未受污染的饲料饲喂牛，可以使分布在牛肌肉中的放射性物质逐渐排出体外。

1.5.2 纳米材料

一些饲料添加剂可能是纳米材料的形式，如真菌毒素结合剂，微量元素和维生素的输送载体，以及营养素的载体等。目前正在调查其风险状况。

由于纳米材料的尺寸较小，与它们各自的大宗材料相比，它们可以表现出不同的物理化学性质和生物效应。关于纳米材料从饲料到食品的潜在转移，目前掌握的数据非常有限，仍然缺少可靠的关于产品中纳米材料的特征描述数据，在毒理学研究中，也没有充分描述纳米材料特征的报道。纳米材料的风险评估仍然在很大程度上依赖于动物研究结果。

纳米颗粒造成的环境污染可能会使动物暴露于危害中，包括水生环境中的鱼类。这些颗粒的物理特性是可以作为一种载体，加大动物暴露于其他污染物的程度。

1.6 与饲料生产技术相关的饲料和产品的危害

当前人们正在使用新的饲料原料来生产饲料，如昆虫、藻类、磷虾、其他海洋资源，以及农业食品和生物燃料行业甚至工业生产过程中产生的副产品。

这些原料的使用可能会给饲料安全带来新的挑战，使人们担心加工过程中使用的材料可能带来危害。通过识别用于生产饲料的所有原料及其潜在危害、了解生产工艺，并对最终产品进行风险特征描述，可以确定新饲料和饲料原料的安全性。应考虑这些原料的所有生产步骤，包括用于处理或收集材料的所有加工助剂（联合国粮食及农业组织和世界卫生组织，2019d）。

1.6.1 昆虫

世界上有1900多种可食用的昆虫。未来，昆虫有望成为一种替代蛋白源，并且有望实现商业化生产大量用于饲料生产。昆虫可能会部分取代那些富含蛋白的鱼粉或富含动物脂肪类的传统饲料原料。昆虫还可以在较小程度上取代其他浓缩程度较低的饲料原料，如大豆、玉米、谷物。

用于生产饲料和食品的昆虫主要包括蟋蟀、粉虫、苍蝇和桑蚕。目前最具大规模饲料生产潜力的昆虫是小黑蝇（*Hermetia illuscens*）幼虫、家蝇幼虫（普通家蝇）和黄粉虫（*Tenebrio molitor*）幼虫。

用作饲料原料的昆虫和昆虫衍生产品有以下几种：①完整的昆虫；②加工成粉末或糊状；③作为提取物，如分离蛋白或脂肪/油（表1-16）。

表1-16 昆虫潜在危害及风险

潜在危害	一般危害：潜在危害的存在/水平在很大程度上取决于所使用的基质、昆虫种类、采收阶段、养殖条件和采收条件以及采收后的加工情况 • 生物危害：致病菌、病毒、朊病毒 • 化学危害：化学污染物，如重金属、二噁英、兽药残留、农药残留、真菌毒素、植物毒素、昆虫毒素 -现有的有限数据表明，昆虫基质中可能会沉积重金属，特别是镉；似乎不太可能沉积真菌毒素。至于其他化学物质，因现有数据太少，无法得出结论 • 其他危害：过敏性蛋白

（续）

潜在人类健康影响和从饲料中向动物转移的风险	由于缺乏科学数据，目前很难全面评估对人类健康的潜在影响

资料来源：联合国粮食及农业组织和世界卫生组织，2019d。

1.6.2　初级食用产品和食品加工副产品

当今世界存在这样一个趋势：增加对初级食用产品和食品加工副产品的回收和再利用，使其进入饲料/食品链中，这可能导致饲料中产生更多的危害。

初级食用产品包括食品供应链各环节加工、制造、制备或销售过程中产生的或之后残留的物料，在餐馆、零售店收集的食品，以及家庭废弃食品（例如，过期食品、标签标识错误的食品、包装损坏的食品、厨余垃圾）。大多数情况下，无法保证这类食品的追溯性（表1-17）。

表1-17　初级食用产品潜在危害及风险

潜在危害	化学危害： • 初级食用产品特有危害： － 作为部分包装材料的增塑剂或分散剂，可扩散到包装内的食品材料中。邻苯二甲酸盐是最常见的一类 － 某些塑料生产原料被归类为内分泌干扰物（例如，双酚A） － 某些印刷油墨异丙基硫杂蒽酮（ITX）具有毒性 － 烘烤废料中的丙烯酰胺和氨基脲 其他危害： • 二噁英、潜在有毒元素和真菌毒素 物理危害： • 包装材料的残留物
潜在人类健康影响和从饲料中向动物转移的风险	化学危害： • 二噁英、潜在有毒元素和真菌毒素等危害的影响 物理危害： • 纳米材料的影响

资料来源：联合国粮食及农业组织和世界卫生组织，2019d。

食品加工副产品是指从食品加工厂收集的特定类型的初级食用产品（例如，过期食品或未售出的剩余食品），比较容易确保其追溯性。如果没有与其他残留物明确分开，可能包括非食用材料（联合国粮食及农业组织和世界卫生组织，2019e）。

1.6.3 生物燃料副产品

环保型生物燃料生产过程中产生的副产品可以用于饲料。例如，干酒糟及其可溶物（DDGS）和湿酒糟（WDG）是生物乙醇生产中产生的蛋白饲料原料。生物柴油生产获得的粗甘油为饲料提供了一种能源，生物柴油生产过程中获得的植物压榨饼/粕是一种富含蛋白的饲料原料（表1-18）。

表1-18 生物燃料副产品潜在危害及风险

潜在危害	化学危害： • 干酒糟及其可溶物（DDGS）/湿酒糟（WDG）： －真菌毒素，包括黄曲霉毒素、赭曲霉毒素、伏马菌素、脱氧雪腐镰刀菌烯醇、雪腐镰刀菌烯醇、T-2和HT-2-毒素、玉米赤霉烯酮和麦角生物碱；经常发现几种真菌毒素并存 －抗生素残留，如维吉尼亚霉素、链霉素、氨苄青霉素、青霉素、红霉素、泰乐菌素、莫能菌素和四环素 粗甘油： • 甲醇 • 钠 植物压榨饼： • 植物毒素，如麻风树种仁粉中的佛波酯、蓖麻饼中的蓖麻毒素
潜在人类健康影响和从饲料中向动物转移的风险	化学影响： • 干酒糟及其可溶物（DDGS）/WDG： －真菌毒素 －抗生素残留：①抗生素的浓度相对较低，因此抗生素残留在动物源性食品中的风险很低。然而，这些低含量的抗生素仍然可能会导致抗生素耐药性的产生；②在加药饲料中加入干酒糟及其可溶物（DDGS）可能会引起药物相互作用，从而可能造成潜在的危害，但由于抗生素的浓度低，人们认为这种危害风险是较低的

资料来源：联合国粮食及农业组织和世界卫生组织，2019d。

1.6.4 其他工业副产品

工业生产过程中产生的副产品在饲料中的用量越来越多，这可能会产生新的危害。为识别用作饲料原料的工业副产品中可能存在的危害，必须考虑整个工业生产过程。许多矿物质饲料原料来源于工业过程，如从窑灰中提取的石灰；从电路板和电池中回收的铜；从垃圾处理场回收的氧化锌等。对植物油生产过程中残留的原料进行深加工，可以生产出新的脂肪酸成分。新的纤维素原料是从木材加工纸浆和纸张的过程中提取出来的。

这些新的生产工艺可能会导致饲料原料中重金属、二噁英、呋喃、多氯联苯和新型工艺化学品的残留量达到不可接受的水平。

1.6.5　植物源性水产品

水生植物包括生长在咸水中的水生植物和生长在淡水中的水生植物。最近，人们对浮萍亚科等植物（包括少根紫萍属、青萍属、紫萍属、芜萍属和扁无根萍属）的栽培和饲料用途产生了浓厚的兴趣。

藻类是一种在淡水和海洋环境中生长的大型且多样性的非开花植物群，包括三大主要类别：褐藻、红藻和绿藻。目前，主要利用藻类生产食品，但越来越多地将其用作饲料原料。另一类是蓝绿藻，可以产生一系列毒素，目前在食品领域的应用有限。

大型藻类（海藻）可用作饲料原料或饲料添加剂（例如，作为富碘补充剂）。微藻或其提取油脂后残留的富蛋白生物体也可用作饲料原料或添加剂（如螺旋藻、富含 $\Omega-3-PUFA$ 的微藻油）。

水生植物从周围水域中吸收矿物质，如农业废水和工业废水中。通过这些植物去除矿物质时，它们会浓缩这些矿物质，然后人们回收此类植物，并用作肥料或饲料。此外，水生植物还可用来浓缩对动物营养有益的微量元素。在最佳条件下，含氮化合物（特别是氨）能够使饲料达到理想的高蛋白水平（表1-19）。

表1-19　植物源性水产品潜在危害及风险

潜在危害	化学危害： • 无机危害： - 碘，在大型藻类（海藻）中的含量较高 - 砷，以有机形式和无机形式（特别有毒）集中在海藻（如羊栖菜）和微藻类中 - 其他重金属，特别是镉，因为藻类可从水中吸收这些重金属 • 有机危害： - 环境中残留的杀虫剂和其他持久性有机污染物，如二噁英、外缘凝集素、邻苯二甲酸和由海藻天然产生的其他酚类物质 - 有机形式的重金属，如甲基汞 - 多环芳烃（PAH） - 产毒微藻类的毒素（如有害的藻华），在水环境中偶尔出现，如在采收大型藻类时附带采收 生物危害： • 细菌病原体，如粪便中的人兽共患病病原体。例如，这些病原体可能来源于溢漏和排放到河口水域的饲料，随后藻类吸收了这些饲料，成为贮存宿主。这种情况特别适用于用于废水处理的微藻类 物理危害： • 从水（如海洋）环境中摄取的微米颗粒和纳米颗粒

（续）

	化学影响： • 与前面提到的重金属、有机污染物和纳米颗粒相同 • 海藻中的碘： －可能会导致人类甲状腺功能亢进症 －在很大程度上会向食品（如奶和鸡蛋）转移 生物学影响： 在微藻转化过程中，从营养源（如粪便、废水）转移到用作饲料的产品或副产品的病原体 物理影响： 几乎没有关于目标牲畜物种摄取数据和毒性数据，无法得出结论
潜在人类健康影响和 从饲料中向动物转移的风险	

资料来源：联合国粮食及农业组织和世界卫生组织，2019d。

1.6.6 动物源性水产品

捕鱼作业过程中会产生大量的副产品（鱼油或鱼粉等鱼类加工副产品除外），这些副产品不用作食品，但可加工成饲料。

（1）副渔获物。包括与人类消费无关的物种或不适合出售的幼体。

（2）水产加工厂废水中的鱼类成分。

上述这两种成分水解后可用作饲料原料。由于鱼类成分经历了水解过程，只要储存得当，预计不会产生重大的生物危害。

鱼的水解物可能会带来化学危害（如甲基汞、二噁英和其他持久性有机污染物），这一点与更传统的饲料原料、鱼粉和鱼油相当。污染物浓度的差异可能与饲料原料的组成有关，包括干物质、蛋白质和脂肪。

使用海洋副渔获物时，可能会在饲料水解物中引入纳米塑料颗粒和塑料微粒。因航运和捕鱼活动产生的塑料碎屑以及包装物和其他产品释放到环境中的塑料颗粒在海运业中大量存在，特别是在海洋环境中大量存在。纳米塑料颗粒和塑料微粒确实会从海洋环境向鱼类、鱼类加工副产品和鱼类水解物转移。然而，这两种污染物有很大的不同。

塑料微粒的尺寸大于1微米，因此在鱼类有机体中的吸收率和在细胞内的生物利用度都非常低或不存在；可是，由于它们存在于肠道内容物中，可能最终会出现在鱼的水解物中。塑料微粒不太可能从饲料转移到动物组织中。污染物，如重金属，可能会附着在微粒表面并被带入饲料中。

纳米塑料颗粒可能是生物可接受的；不排除从饲料转移到食品中。微小尺寸（特别是在100纳米以下时）的纳米塑料颗粒可能会导致两个令人担忧的问题：①进入细胞并与包括DNA在内的大分子相互作用，其毒理学效应仍有待研究；②纳米塑料颗粒的表面相对较宽，因此能够捕获和运输其他分子，包括持久性有机污染物等有毒污染物。

　　由于捕捞配额和环境问题，稳步增加了水产养殖生产的饲料原料（主要是鱼粉和鱼油）的生产量。

　　被称为磷虾的大型浮游甲壳动物种群也是一种有价值的饲料来源，因为它们广泛分布在南极和北大西洋，而且营养价值高，如 $\Omega-3$ 脂肪酸的含量就很高。

　　磷虾处于饲料/食品链的最底层，因此预计它们体内不会沉积甲基汞等有毒污染物（表 1-20）。

表 1-20　动物源性水产品潜在危害及风险

潜在危害	化学危害： • 鱼水解物和青贮饲料： - 通过水产饲料/食品链生物沉积的污染物（如持久性有机污染物，包括二噁英、多氯联苯、阻燃剂、氯化杀虫剂）和其他倾向于在鱼类体内积累的污染物（如潜在有毒元素） - 防腐剂及其杂质和代谢物，如二丁基羟基甲苯和乙氧基喹，用于延长鱼类水解物和其他水生动物来源饲料原料的保存期，此类危害可从饲料转移到动物源性食品 生物危害： • 鱼水解物和青贮饲料： 人兽共患病病原体存在于来自土塘的死鱼等原料中，特别是那些经加工后存活下来的病原体，如（产芽孢）肉毒梭菌 物理危害和其他危害： • 鱼水解物和青贮饲料： 纳米塑料颗粒和塑料微粒：可以转移到用作饲料原料的海洋生物组织中
潜在人类健康影响和从饲料中向动物转移的风险	化学影响和生物影响： • 与前面提到的持久性有机污染物（包括二噁英、非类二噁英多氯联苯、有机氯农药残留物）和潜在有毒元素以及产孢微生物的情况相同 • 磷虾中的氟： - 转移到动物源性食品的比例较低，不会显著影响消费者的暴露程度 物理影响： - 现有数据非常有限，如没有关于塑料微粒和纳米塑料颗粒在目标性畜物种中的摄取数据和毒性数据，无法得出结论

资料来源：联合国粮食及农业组织和世界卫生组织，2019d。

2 基本原则和要求

　　为防止饲料和饲料原料在生产、搬运、储存和运输过程中遭受虫害、化学污染物、物理污染物或微生物污染物或其他有害物质的污染，应在稳定的条件下生产和保存。饲料应处于良好的状态，并符合公认的质量标准。为控制食品中可能出现的危害，应根据具体情况遵循良好农业规范、良好生产规范以及适用的危害分析和关键控制点原则。应考虑环境中的潜在污染源。

　　为识别潜在危害及其对消费者健康的风险水平，饲料或饲料原料的生产商、饲养产食性动物的饲养者以及生产此类动物产品的生产商应互相合作。这种合作将有助于制订和维持适当的风险管理选项及安全饲养规范。

饲料原料

　　应通过安全的渠道获得饲料原料，如果一直没有从食品安全的角度对原料的生产工艺和技术开展过风险评估，则应对原料进行风险分析。应使用与《国际食品法典框架中应用的风险分析工作原则》一致的风险评估程序。特别是，饲料添加剂制造商应向用户提供清晰的信息，以使其正确和安全地使用饲料添加剂。

　　应按照基于风险的计划对饲料原料进行监测，包括对不良物质进行检查、抽样和分析。饲料原料应符合可接受的标准（若适用），应符合可能导致消费者健康危害的病原体、真菌毒素、杀虫剂和不良物质水平的法定标准。

标签标识

　　标签应印刷清晰并列明必要信息，说明用户应如何操作、储存和使用饲料及饲料原料。标签标识应符合法律规定，应对饲料进行描述并提供使用说明。在适当的情况下，标签或随附的文件应包含：

- 饲料适用的动物种类或类别的信息。
- 饲料使用的目的。
- 饲料原料清单，包括适当的添加剂，对其按比例降序排列。
- 制造商或注册商的联系信息。
- 注册号（若有）。
- 使用说明和注意事项。
- 批次标识。
- 生产日期。
- "到期日"或有效期。

饲料和饲料原料的溯源/产品追踪和记录

应适当记录饲料和饲料原料（包括添加剂）的信息，如果发现已知/可能对消费者的健康造成不利影响，能够及时、有效地撤回或召回这些产品，从而实现对饲料和饲料原料（包括添加剂）的溯源/产品追踪。如果发现已知/可能对消费者的健康造成不利影响者，为快速追溯到饲料和饲料原料的上一个来源，以及追溯到下一个接收者，应保存有关饲料和饲料原料生产、经销和使用的记录并随时可查阅。

应对突发状况的特殊要求

如经营者认为某一饲料或饲料原料不符合本法典规定的饲料安全要求，应尽快以合理的方式通知国家主管部门。通知信息应尽可能详细，应至少包含对问题性质的描述、对饲料或饲料原料的描述、饲料的适用动物、批次标识、制造商名称和产地。主管部门和经营者应立即采取有效措施，确保这些饲料或饲料原料不会对消费者的健康造成任何危害。

如果某一特定饲料或饲料原料可能在国际上进行交易，并可能对消费者的健康构成危险，出口国的主管部门应至少通知相应进口国的主管部门。通知应尽可能详细，至少应包含前款所述的详细信息。

检查和控制程序

饲料和饲料原料制造商及饲料工业的其他相关各方应进行自我调节，以确保符合规定的生产、储存和运输标准。此外，还需要制订基于风险的官方监管计划，以检查饲料和饲料原料的生产、经销和使用方式，从而确保供人类食用的动物源性食品既安全又合适。应当使用这个检查和控制程序来验证饲料和饲料原料是否符合要求，从而保护消费者免遭食源性危害。应根据具体情况，在客观风险评估的基础上，设计和执行检查制度。最好是采用的风险评估方法与国际公认的方法一致。风险评估应以现有的科学证据为基础。

为检测不良物质的不可接受水平，无论是行业还是官方检验机构对饲料和饲料原料的监测计划，都应包括检查、抽样和分析。

加药饲料中使用的饲料添加剂和兽药

应对加药饲料中使用的饲料添加剂和兽药进行安全性评估，并经主管部门预先批准，按照规定的要求使用。

应按照《关于对产食性动物使用兽药的国家监管食品安全保证计划的设计和实施指南》的规定，在加药饲料中添加兽药。

可以设定加药饲料中饲料添加剂和兽药的用量，以避免误用。

接收、处理和储存饲料添加剂时，应保持其完好性，并尽量减少误用或不安全污染的发生率。应严格按照明确的使用说明来使用含有这些添加剂的饲料。

在没有进行公共卫生安全评估的情况下，不得为了促进动物生长而在饲料中使用抗生素。

饲料和饲料原料

只有安全、合适的饲料和饲料原料才能生产、销售、储存和使用，按预期用途使用的，不得以任何方式对消费者的健康造成不可接受的风险。特别是，不得销售或使用被不可接受的不良物质污染的饲料和饲料原料，应明确标识其不适合用作动物饲料。

不得以容易误导用户的方式展示或销售饲料和饲料原料。

召回

应按照《国际食品法典——动物饲养良好规范》第4.3节的规定保存记录和其他信息，包括饲料和饲料原料的名称及经销情况，一旦认为饲料或饲料原料对消费者的健康构成威胁，就能够将其迅速撤出市场，并能识别暴露于相关饲料的动物。

资料来源：《国际食品法典——动物饲养良好规范》（CXC 54—2004）

2.1 饲料原料

饲料原料的安全是生产安全饲料的关键因素，而安全的饲料又是生产动物源性食品的关键因素。

饲料企业应在使用饲料原料生产饲料之前，对其安全性进行评估。应按照适当的程序生产饲料原料，尽量降低潜在危害，并提高产品安全水平，使其符合所有适用法律。任何被怀疑可能受到污染的饲料原料不得用于饲料生产，除非可以在饲料生产过程中将危害消除或降低到可接受的水平。

在世界各地，饲料行业实施了多项不同的制度来确保各种饲料原料的安全。根据这些国家的规定，包括以下资料：

- 负面清单。
- 可在限制条件下使用的原料清单。
- 部分原料及其数量排除清单。
- 正面清单，其中包含可根据限制条件或预期用途使用的原料。

饲料原料的采购是保证饲料安全生产的重要环节之一。采购商应根据供应商按预定规格供应产品的能力对其进行评估。采购商应明确规定饲料原料的采购规格，并与供应商就此达成一致意见。

采购商可通过走访供应商、供应商第三方认证、采购合同、监测来料或综合采用上述方法对供应商进行评估。供应商审批程序和饲料原料验收控制是最根本的安全保证措施。

采购商应确定选择供应商的标准，例如：

- 合格供应商批准要求。
- 在完全批准之前对临时供应商的要求。
- 根据公司的采购经验选择现有供应商。
- 突发情况下的供应商（例如，原供应商的业务中断）。

原料规格在饲料安全系统中发挥着重要作用。饲料规格是与供应商达成协议、配制饲料、进行危害分析和关键控制点学习、实施相应控制措施的基础。危害分析和关键控制点体系中提到的饲料生产和加工过程中的许多潜在危害，已经在饲料原料中存在。其中一些危害在饲料加工过程中不会被消除或降低到可接受水平，因此应采取的主要控制措施是根据采购要求，只采购安全的饲料原料。

危害分析和关键控制点的首要原则是进行危害分析并确定控制措施。应列出所有可能发生的、与每个工艺步骤相关的潜在危害，并进行危害分析，以识别重大危害，并考虑采取相应控制措施。危害分析是指收集和评估在饲料原料、环境、工艺或饲料中识别的危害信息以及造成这些危害的条件，从而确定这些是不是重大危害的过程。

为确保适当储存和使用饲料原料，避免引入危害，采购商应记录相关信息，并随时查阅。

这些信息应考虑到：

- 建立有效的召回程序。
- 更好的质量控制和工艺流程控制。
- 不必要的重复衡量。
- 将产品数据与饲料原料特性和加工数据相关联的可能性。

- 更好地规划，从而优化每种产品的饲料原料用途。
- 便于检索饲料安全管理的审计信息。

正如第五章抽样与分析方法所述，应对饲料原料进行连续抽样，以进行基于风险的监测，从而确保符合规定的安全标准。对任何可疑的危害进行检测，再加上持续实施良好生产规范，将最大限度地减少饲料污染。

2.2　标签标识

产品标签标识应为用户提供正确操作、储存、使用相应饲料和饲料原料以及防止危害物质进入食品链的所有必要信息。重要的是，饲料企业应对用户进行适当培训，使其充分理解并按照标签信息正确使用饲料和饲料原料。

由于人们将某些饲料或饲料原料饲喂给不同种类或类别的动物（例如，给反刍动物饲喂含有哺乳动物蛋白的饲料），可能会改变对人类健康的危害，因此饲料企业应在标签中标识饲料的适用动物物种和种类。

如果缺少产品信息或缺少关于一般饲料和饲料安全方面的知识，可能会使人们错误地处理食品链后期环节中的产品。即使在饲料链早期环节已经采取了适当的控制措施，这种错误的处理也可能造成饲料污染或使产品不再适合人类食用。

与饲料和饲料原料来源有关的所有标签信息（如产品名称、制造商名称和地址、原产地、批次标识、生产日期、配料表、定量配料声明、使用说明、储存条件、最佳储存时间），均是记录保存、溯源/产品追踪和产品召回的必要条件。这些信息也有助于进行有效的存货周转。正确的标签标识能够确保提供库存、包装和其他与记录相关的正确信息。

加药饲料标签或随附文件应标示活性兽药成分、饲料适用动物的种类和类别、用途或适应证、警告声明和警示声明等具体信息。警告声明包括停药时间以及与保护人类健康有关的其他声明。

2.3　饲料和饲料原料的溯源/产品追踪和记录保存

为保护人类健康免受食源性危害、欺骗性营销行为的侵害，并根据准确的产品说明书来促进贸易，可根据具体情况在食品链中采取溯源/产品追踪措施（联合国粮食及农业组织和世界卫生组织，2006）。

应根据饲料/食品检验和认证体系的目标，使用溯源/产品追踪工具在饲料/食品链的任何特定环节（从生产到经销）识别饲料的来源和去向（联合国粮食及农业组织和世界卫生组织，2006）。

溯源体系本身不足以确保饲料安全，但是它可提高相关饲料安全措施的有效性或效率，如它提供了涉及潜在饲料安全问题的供应商或客户的信息，从而能够有针对性地撤回或召回产品。

饲料企业实施溯源体系的决定因素包括（国际标准化组织，2007）：

- 企业和产品本身的技术限制（即饲料原料的性质、批量、收集和运输程序、加工和包装方法）。
- 应用这一体系的成本效益。
- 原产国和进口国的要求。

饲料企业在设计溯源体系时，应根据预先确定的原则明确其溯源目标（表 2-1）（国际标准化组织，2007）。

表 2-1　溯源体系的原则和目标

原则	目标
溯源体系应： • 可核查 • 一致、公平地适用 • 以结果为导向 • 成本效益高 • 实用 • 符合适用的法规或政策 • 符合规定的精度要求	饲料企业应该确定其目标，这些目标可包括： • 支持饲料安全目标 • 满足客户要求 • 确定产品的历史或来源 • 易于撤回或召回产品 • 确定饲料和食品链中的责任组织 • 易于核实有关产品的具体信息 • 向相关股东和消费者传达信息 • 遵守地方、区域、国家或国际法规或政策（若适用） • 提高饲料企业的效率、生产率和盈利能力

在设计溯源体系时，饲料企业应按照目标要求，确定并记录其控制范围内的饲料原料的流动情况。饲料企业应阐明：

- 供应商应提供的信息。
- 应收集的关于产品和工艺发展史的信息。
- 应提供给其客户和供应商的信息。

在制订和实施溯源体系时，必须考虑饲料企业的现行运营体系和管理体系。溯源信息管理程序应包括材料和产品的相关信息流的链接和记录方法。饲料企业应制订的管理程序至少包括以下内容（国际标准化组织，2007）：

- 产品定义。
- 批次定义和标识。
- 材料流向和相关信息的记录，包括使用其他媒介保存记录。
- 数据管理和记录计划书。
- 关于检索计划书的信息。

饲料企业与其他企业一起参与溯源体系的，应在开发溯源体系时，考虑各企业确定其直接上家供应商和其直接下家客户时应建立的供应链条中的各环节。

与饲料企业安全体系中的其他所有体系一样，必须对溯源体系进行管理。必须分配各相关方的职责、编制相关文件、精心规划将要实施的所有要求和步骤，必须对负责溯源体系各项任务的人员和其他相关人员进行培训，必须建立监测体系，同时确定关键绩效指标，进行内部审计，并随后对该体系进行审查。

若更改溯源体系，应对其进行审查。审查内容应包括但不限于（国际标准化组织，2007）：

- 溯源检测结果。
- 溯源审计结果。
- 产品或工艺流程的更改。
- 饲料和食品链中其他企业提供的溯源相关信息。
- 与溯源/产品追踪相关的纠正措施。
- 与溯源/产品追踪相关的客户反馈，包括投诉。
- 影响溯源/产品追踪的新法规或修订法规。
- 新的统计评估方法。

应用溯源/产品追踪体系时应考虑发展中国家的能力。在实施溯源/产品追踪工具的情况下，如果出口国无法满足进口国饲料和食品检验以及认证体系的目标，进口国应考虑向出口国提供援助，特别是出口国为发展中国家的情况。溯源体系不得设置非必要的贸易限制（联合国粮食及农业组织和世界卫生组织，2006）。

随着饲料和食品生产管理一体化的需求和信息日益增多，必须建立更复杂、更详细的溯源体系，必须结合实用的、在技术和经济方面切实可行的设备、IT 解决方案、制造工艺来开发这些体系。

2.4 召回

根据国家法律规定，饲料经营者仅限于销售安全的饲料。这通常规定饲料经营者应从市场上召回不安全的饲料。合法的召回制度主要包括（联合国粮食及农业组织和世界卫生组织，2012）：

- 规定饲料经营者制订并定期测试召回计划。
- 规定在必要时授权主管部门强制执行召回。
- 规定饲料经营者建立溯源体系，至少能够记录从哪里购买物料以及向谁出售最终产品（"向后一步和向前一步"原则）。

- 规定饲料经营者有理由认为其供应的饲料不安全时应通知主管部门。
- 规定饲料经营者或主管部门应充分告知消费者具体不安全饲料的健康危害。

2.4.1 主管部门的责任

主管部门的主要职责是保护消费者免受健康危害。根据国家召回制度的规定，可能由不同机构来共同承担监督/协调和执行召回的责任。根据召回的性质，参与协调和执行饲料召回的主管部门还可能负责开展以下行动（联合国粮食及农业组织和世界卫生组织，2012），见表 2-2：

- 建立有效的国家召回制度。
- 如果暴发食源性疫病或监测计划中表明存在不可接受的风险水平且要求饲料经营者将不安全的饲料从市场上撤出，则开始召回不安全的饲料。
- 与饲料经营者合作编制关于制订、实施和维护召回计划及溯源的指南。
- 向饲料经营者提供关于风险评估和适当风险管理措施的建议。
- 制订一种使饲料经营者在有理由认为其供应的饲料不安全时能够通知主管部门的制度/机制。
- 协助召回产品的饲料经营者开展相关召回活动。
- 核实召回活动的有效性。
- 制订一种准许饲料经营者报告其召回活动进展情况的体系/机制。
- 在全国范围内和国际社会上与相关政府机构合作。
- 如有必要，持续开展饲料安全调查，以识别可能受影响的其他饲料。
- 如果饲料经营者未能履行其法律义务，则下令其进行召回。
- 确保消费者和客户知情，并妥善处理他们的问题和顾虑。
- 如有必要，扣押或下令销毁、重新加工/改良召回的饲料或替代召回饲料。
- 与饲料企业合作，确保实施适当的措施，防止导致生产或销售不安全饲料的危害再次发生。
- 如果已经出口了不安全的饲料，应通知有关主管部门。

表 2-2 饲料企业溯源体系的要求和应采取的行动示例

饲料原料的采购

- 确定并记录所选供应商、饲料原料的采购数量、类型和参考规格
- 记录供应商的所有信息，包括名称、地址、地区、电话、合同号、生产地点、生产流程
- 记录交货日期、交货地点和运输工具

（续）

饲料企业验收饲料原料

- 记录并保存供应商出具的相关批次分析证书、经批准的批次和不合格批次的信息、发货前的检验结果（后一信息可由供应商保存，并在必要时提供）
- 记录收到的饲料原料的批号或相关批次信息
- 记录收到的每批货的重量
- 检查饲料原料运输车辆，记录饲料原料名称、来源地、车辆信息和载货情况以及验收程序确定的其他要求
- 继续推进饲料原料来料检验并记录检验结果及其与规格偏差（若有）
- 根据对饲料原料的来料检验结果，隔离并记录可疑或不合格批次
- 在适当的储存条件下，在规定的时间内对收到的所有批次取样，把样品贴上标签、密封并保存
- 为验收的每个批次或多个批次分配一个内部批号，并记录验收批次的所有信息，如供应商、数量、类型、交货日期和交货时间。标识具有唯一性，并与以前的记录相关联，包括验收结果和车辆检验结果

饲料企业储存饲料原料

- 记录储存饲料原料的料仓或储罐的编号、位置和装料日期。这类信息应与料仓和储罐空量测量及清洁相关报告和数据一致
- 记录储存和运输顺序以及观察到的任何不符合项

饲料原料的称重和用量

- 每种产品、每个生产日期编制一个产品编号。记录日常生产数据
- 记录每种产品、每个生产日期对料仓和储罐中的产品的使用量。为与配方中规定的计划用量进行比较，应记录实际用量

研磨和混合

- 每条生产线和每个生产日期编制产品编号
- 记录所有添加产品的分配用量和混合操作过程

磨碎、包被和筛选

- 每条生产线和每个生产日期编制产品编号
- 记录所有添加产品的分配用量以及破碎、包被和筛选过程

饲料的包装/储存

记录存放饲料的料仓和储罐的编号。这类信息应与料仓和储罐空量测量及清洁相关报告和数据一致

- 记录包装生产线、包装类型、包装材料批号，并与收货时采集的数据一致
- 记录饲料产品的标签、包装日期和有效期
- 应采集样品、贴上标签、密封并按要求储存一段时间

饲料的储存

- 记录存储饲料的料仓、储罐和货架的编号

分销

- 记录销售订单上的数据、售出的饲料批次、客户名称、地点、交货日期和发票编号
- 检查饲料运送车辆，记录饲料名称、目的地、车辆信息和载货情况，以及送货程序中规定的其他要求事项
- 记录饲料运抵客户仓库的日期

2.4.2 饲料经营者的责任

饲料经营者一旦发现或获知自己已向市场供应了不安全的饲料，应负责召回该饲料，以保障公共卫生。饲料经营者可能还负责（联合国粮食及农业组织和世界卫生组织，2012）：

- 使用适当的书面操作程序制订和维护召回计划。
- 记录并保存饲料（包括饲料原料）供应商和饲料购买方的信息，并将其纳入饲料溯源体系。
- 制订验证溯源和召回的程序（例如，为确保最新的联系人名单，并对员工进行适当培训，应定期进行召回模拟演习）。
- 培训员工执行召回计划。
- 迅速将不安全的饲料撤出市场。
- 如果待召回的饲料已经到达消费者手中，应告知相关消费者。
- 开展召回活动时，通知主管部门并与之合作。
- 通知食品链中的其他相关饲料/食品经营者。
- 向相关方传达召回的详细信息，并答复媒体和消费者的询问。
- 妥善管理召回的产品（安全处置或再加工）。
- 鉴于从之前召回活动中吸取的教训，应定期评估他们的召回计划。根据评估结果，可能需要修改召回计划。

2.5 应对突发状况的特殊要求

如果出现饲料安全突发状况，及时向所有相关方通报突发状况的性质和程度，这有助于最大限度减少潜在公共卫生的不利影响，包括出口国为确保进口国也能迅速采取相应的措施（联合国粮食及农业组织和世界卫生组织，2016）。

经验表明，为确保食品安全，必须将饲料安全突发状况的信息整合并入同一个系统中。有关主管部门应尽可能清楚而完整地描述饲料安全突发状况的性质和范围，包括完成风险评估后，应描述风险评估信息。如果食品安全突发状况的发生与饲料的使用有关，则应说明饲料相关问题的具体性质及其对食品安全的影响。

饲料经营者应负责确保饲料安全，以及负责管理与其产品相关的饲料安全突发状况。他们还负责运行饲料批次追踪体系，并向主管部门和其他利益相关者（包括客户或消费者）及时提供饲料安全突发状况管理的相关信息。他们还负责为员工提供培训或指导，以及进行内部沟通。

　　饲料经营者应该能够随时提供其经营的饲料、饲料来源以及饲料购买方的相关信息。为及时通过更复杂的经销网络追踪产品，应鼓励饲料经营者保存电子版本且易于搜索的记录文件。

　　由于饲料贸易的全球性，饲料安全突发状况的影响可能是广泛的。国家主管部门一旦确定国家出现饲料安全突发状况，应与其他主管部门合作，尽其最大能力确定受影响饲料的所有可能进口国以及可能受污染的饲料或饲料原料的所有出口国。随后，国家主管部门应将所有饲料安全突发状况相关信息通知这些国家的主管部门（联合国粮食及农业组织和世界卫生组织，2016）。

　　主管部门应查明危害的来源，一旦查明来源，应尽可能采取适当措施减少或消除危害。在突发状况下，溯源/产品追踪工具在迅速确定危害来源方面发挥了重要作用（插文1）（联合国粮食及农业组织和世界卫生组织，2016）。

➔ 插文1　饲料/食品安全突发状况

一旦识别出饲料/食品突发状况，在沟通时应考虑到：

- 若可能，应由相关主管机构明确、完整地描述突发状况的性质和范围。
- 主管部门指定的官方联络点之间就安全突发状况进行沟通的情况。
- 发现安全突发状况的国家（无论是进口国还是出口国）即时向所有已受影响和可能受影响的国家通报的信息。
- 为使所有已受影响和可能受影响的国家能够做出明智的风险管理或风险沟通决策，发现食品安全突发状况的主管部门共享的信息。
- 尽可能向所有利益相关者提供明确、相关、真实和及时的信息。
- 为能够持续评估突发状况和推进应急措施，在突发状况的各环节，都应保持透明、持续的信息流。

资料来源：《国际食品法典——食品安全突发状况信息交流原则和准则》（CXG 19—1995）。

　　主管部门应考虑受影响的饲料是否已经或可能已经以批发、零售或直销出去。主管部门还应考虑分销出去的饲料的数量，包括在运输途中的饲料，并相应地实施风险管理和沟通措施，包括对饲料分销各环节发出召回通知。

　　作为早期预警，即使没有完整的初始信息，也应尽可能快地与各相关方进行沟通。一旦掌握更多信息，应立即进行沟通。人们认为，早期预警系统是在发生饲料或食品安全突发状况时，采取适当行动以防止污染扩散、阻止受污染产品分销的一种应对机制。

预警系统是一种系统地及时提供相关信息、减少危害的影响的过程。指定的机构通过预警系统及时提供有效的信息，使暴露于危害中的个体能够采取措施，避免或降低他们的风险，并做好有效应对的准备（Brazola 和 Helander，2018）。

在发生饲料安全突发状况的情况下，出口国和进口国主管部门之间应就以下基本信息进行互相交流（联合国粮食及农业组织和世界卫生组织，2016）。

2.5.1　饲料安全突发状况的性质

应说明导致饲料安全突发状况的饲料安全危害的性质，根据具体情况包括以下内容：

- 生物危害（注明相关生物体或毒素）。
- 化学危害（例如，农药残留/兽药残留、重金属和毒素、工业污染物或环境污染物）。
- 物理危害（例如，异物、放射性核素）。
- 其他已识别的危害（例如，饲料中的天然化学物质或因加工、包装缺陷而产生的化学物质）。
- 不明因素（注明与食用特定饲料有关的严重不良健康影响）。

在上述任何一种情况下，相关饲料经营者应将下列事项通知主管部门：

- （根据现有信息）具体的饲料安全危害及其程度或流行程度。
- 若适用，所使用的抽样方法和分析方法。
- 任何假设情况。

应说明与饲料安全突发状况相关的对人类健康不利影响的性质和程度。

2.5.2　饲料的标识

应详细描述相关饲料，并提供以下信息，若有：

- 产品描述和产品数量，包括产品标签上列出的产品品牌、产品名称和保质期。
- 包装的类型和尺寸。
- 批次标识，包括批次代码、生产日期和加工日期，以及外包装场所或加工场所。
- 其他识别标记/印记〔例如，条形码、通用产品代码（UPC）〕。
- 若适用，生产商、制造商、包装商、销售商、出口商或进口商的名称和地址。
- 图形图像。
- 出口证书编号、官方名称和标志。

如果饲料已经出口，应在获知发生饲料突发状况后尽快通知相关国家，使它们能够迅速查明是否可能受影响，并帮助它们定位查找受影响的饲料。

2.5.3　受影响或可能受影响的群体

饲料安全突发状况可能主要影响某一群体中的一部分。在这种情况下，应对此进行沟通。

2.5.4　装运和相关信息

应提供以下相关信息，若有：
- 出口商名称和联系信息。
- 进口商名称和联系信息。
- 集装箱和装运的详细信息，包括起运港和目的港。
- 发运相关产品所适用的海关商品编码。
- 收货人和发货人的联系信息。

2.5.5　出口国或进口国采取的措施

应提供所采取的以下相关措施的信息，若有：
- 为识别并防止饲料销售和饲料出口而采取的措施。
- 饲料召回措施，包括自愿召回措施和强制召回措施。
- 为防止问题扩大而采取的措施。
- 通过适当的物理处理来降低风险的措施。
- 对受影响人员的诊断和治疗方法。
- 采取的最终处置措施（例如，销毁饲料）。
- 实验室分析。
- 任何可能有助于进行评估风险的其他信息。

2.5.6　主要官方联络点和相关主管部门的详细信息

应提供详细的联系信息，包括主管部门的名称、地址、电话、人员或办公室的电子邮件地址，这些人员或办公室可为受影响或可能受影响的国家提供他们可能寻求的更多信息，以帮助他们管理饲料安全突发状况。若有，应在网站上发布最新信息（插文 2）。

➡ **插文 2　国际食品安全主管部门网络**

国际食品安全主管部门网络（INFOSAN）是联合国粮食及农业组织/世界卫生组织在全球传播饲料和食品安全问题相关重要信息的网络，包括负责国家饲料和食品安全应急响应部门的一个紧急联络点，以及参与饲料和食品安全的其他国家机构下设的其他协调中心。国际食品安全主管部门网络负责与有关国家部门联系，收集、核实信息，并在必要时与国际社会共享信息。

2.6　检查和控制程序

安全的饲料和饲料原料生产是饲料经营者和主管部门的共同责任。饲料经营者和主管部门共同实施有效的控制程序和饲料检查计划，才能确保饲料安全。饲料用户对饲料安全的信心，以及最终消费者对食品安全的信心，在一定程度上取决于他们对控制措施有效性的看法。

自控计划有助于帮助饲料经营者遵守适用的法规标准和其他要求（例如，制造商或采购商规定的规格）。自控计划应包括饲料原料和饲料。自控计划可能包括物理检查、抽样检查、化学分析和微生物分析、对不符合项采取的措施以及饲料生产和饲料安全控制人员的责任。

主管部门负责开展饲料监管检查，以核实饲料是否符合法律要求。主管部门还负责进行监测检查，以确定饲料企业整体上是否符合相关规定；还应进行合规检查，以评估饲料企业对法规的遵守情况，并记录检查结果，从而确定可能需要开展的执法行动。主管部门利用科学和基于风险的方法，锁定对动物或人类健康构成最大风险的饲料企业、设施、产品和工艺流程，可以提高其优先排序能力和检验资源分配能力。

主管部门在规定检查制度的控制频率和控制强度时，应考虑风险因素以及产品操作者（包括生产商、制造商、进口商、出口商和经销商）已实施的控制措施的可靠性（联合国粮食及农业组织和世界卫生组织，2010）。

主管部门在确定检查、取样和检测的性质及频率时，应依据以下因素：产品对人类健康和安全构成的风险、产品来源、合规史，以及其他相关信息。主管部门在制订控制措施时，应考虑以下因素：产品对人体健康构成的风险；不合规的可能性；生产商、加工商、制造商、出口商、进口商和经销商的不合规史。

实验室检测是安全控制和饲料安全保证计划的重要组成部分，是测量饲料或饲料原料样品中的特定成分从而确保饲料符合安全规范的过程。检测包括生物性能测量、化学性能测量和物理性能测量，目的是按照预先设定的标准评估产品的安全性。

2.7　加药饲料中使用的饲料添加剂和兽药

"国际食品法典兽药残留数据库"规定了食品中各类兽药的最大残留限量（MRL）（联合国粮食及农业组织和世界卫生组织，2019f）。

虽然各国的饲料法规和畜牧生产体系有很大差异，但饲料中添加的大多数兽药都是抗生素、抗球虫剂或生长促进剂。

世界各国都在关注抗生素的使用，以及如何最大限度减少产食性动物使用抗生素对公共卫生造成的潜在不利影响，特别是抗生素耐药性的发展趋势（联合国粮食及农业组织和世界卫生组织，2005）。

抗生素是治疗动物和人类传染性疾病的有力工具。所有国家都应建立适当的制度，以确保最大限度地减少抗生素的使用，并在必要时根据国家法规和国际要求生产、销售、经销、开具处方和使用抗生素（联合国粮食及农业组织和世界卫生组织，2011a）。

每天给大量动物使用兽药的最实用方法是在饲料中添加兽药。

应按良好规范的要求使用兽药，其中包括经国家主管部门批准和许可的物质的使用规范，同时应遵守其停药期的相关建议。根据当前正在修订的《国际食品法典——尽量减少和控制抗生素耐药性操作规范》的规定，考虑到疫病预防规范，对产食性动物使用兽用抗生素是良好兽医规范和良好畜牧业规范（GHbP）的一种做法（插文 3）。

> ### ➲ 插文 3　抗生素耐药性（AMR）
>
> 抗生素耐药性是指微生物（细菌、真菌、病毒和寄生虫）暴露在抗菌化合物中时能继续存活的能力，而这一能力是其之前所不具备的。因此，曾经有效治疗人类、牲畜和水生动物疾病的抗菌药物（抗生素、抗病毒剂、驱虫剂、杀菌剂）以及有效防治作物病害的抗菌药物（杀虫剂、抗生素和杀菌剂）就会失去效力或变得完全无效。这会导致药物成功治疗感染的能力降低；死亡率上升；更严重或更持久的疾病；因长期治疗和加大使用抗生素而增加成本；农业生产损失；最终降低人们的生活水平和影响食品安全。抗生素耐药性是全球十大健康威胁之一，其对人类和动物的影响越来越多地受到人们的关注。

加药饲料通常由商业饲料厂生产，此类厂由主管部门负责监管和检查。然而，一些国家的法律准许养殖场自行现场生产加药饲料。小型饲料厂通常是养殖场的饲料加工厂，可能只生产供单一动物品种的饲料，且只添加少量的加药饲料原料。大型饲料厂（通常是规模最大的养殖场饲料加工厂和商业饲料厂）可能使用多种兽药生产供多种动物（如家禽、牛、猪、马）和各类产食性动物（如断奶仔猪、生长猪、育成猪、种猪）的加药饲料。在这些饲料生产过程中，交叉使用多种设备来生产加药饲料和非加药饲料。根据良好操作规范的要求，无论饲料生产厂的规模大小，都应制订适当的程序，并按照这些程序操作所有用于生产加药饲料的设备，避免对加药饲料和非加药饲料造成污染。

必须按照说明书的规定使用含有兽药的饲料。对批准用作饲料添加剂的饲料原料，包括兽药，必须证明其使用的有效性，证明其对食用饲料的动物、该动物源性产品的消费者都是安全的，且对使用者、工人和环境也都是安全的。在饲料生产过程中，兽药可能会从加药饲料转移到非加药饲料。在饲料的加工、处理、运送或储存过程中都可能会残留兽药。兽药残留的相关危害取决于兽药的类型、暴露的动物数量、饲料生产和运送系统。根据被污染的兽药和饲料的数量及动物体内分布情况，兽药残留可能会对人类和动物的健康造成严重的不利影响。即使是低量的兽药残留，也可能导致动物因食用有兽药残留的饲料而在其生产的食品（如鸡蛋或牛奶）中残留兽药的问题。尽管此类残留并不总是引起动物健康问题或食品安全问题，但它们可能会引发贸易问题。当使用动物源性（陆生动物和水生动物）原料时，可能会在饲料中残留兽药，但人们认为这并不总是兽药残留的重要来源。

加药饲料中出现兽药残留主要是因为：大量的兽药或加药饲料可能残留在饲料生产和饲料经销过程的各环节，从而污染后续批次的饲料；加药饲料可能残留在搅拌机、料仓输送带、升降机以及料仓和散装饲料运输卡车中，以及兽药或加药饲料在接头处溢漏，从而造成交叉污染。通常，饲料生产厂按照先后顺序来生产各类饲料，并在各生产线使用前后进行冲洗来最大限度地减少兽药残留。

饲料的种类和兽药的成分是饲料兽药残留量的重要决定因素。一些兽药具有静电特性，特别是那些粉末状兽药，如磺胺类药物和抗球虫药，能够附着在设备表面，使设备在生产完每批次饲料后难以被彻底清洁。为了解决这一问题，一些生产厂生产了静电性能降低的粒状制剂，这减少了这类兽药残留，但并没有完全消除。为最大限度减少兽药残留，还有一些生产采用了不同的清洁工艺，如刮擦设备表面。

尽管可在一批饲料中适当加入一些兽药，但如果将饲料中的兽药分离出来，可能会使加药饲料中的兽药浓度发生变化，从而造成兽药残留。预混料和混合饲料中的兽药可能会被分离出来。可根据加药饲料原料的粒度、形状或密度，将加药饲料中的兽药分离出来。如果加药饲料原料的尺寸差别很大，就需要将较大的粒料分离出来。在生产系统中，粒料在空气中自由下落时，粒料形状就会影响物料的移动。扁平粒料下落的速度更慢，并停留在它们下落的地方，而圆形或立方体的粒料下落得更快，并易于向外滚动到容器壁。与低密度粒料相比，高密度粒料受自由落体空气阻力的影响较小。低密度粒料容易随容器内的气流滚动到容器壁。在整个饲料生产和输送过程中，可以循环分离兽药或停止分离兽药。最初，饲料原料和兽药可以在混合过程中均匀分散，在饲料混合物落入缓冲仓时分离，在从缓冲仓螺旋钻到升降机支架的流动过程中重新混合在一起，然后当饲料通过支架排出并自由落入制粒机上方的储料箱时再次被分离（联合国粮食及农业组织和世界卫生组织，2019f）。

3 良好生产规范

饲料和饲料原料的生产、加工、储存、运输和销售

饲料链中的所有参与者,包括养殖场主、饲料原料生产商、配合饲料厂、卡车司机等,共同负责生产、加工、储存、运输和分配合适、安全的饲料和饲料原料。饲料链中的各参与者负责开展各自直接管辖范围内的各项活动,包括遵守所有适用的法律法规。

可能会在生产过程中影响饲料和饲料原料的安全性并对消费者的健康造成不利影响的设施和设备,不得用来生产、加工、储存、运输或分配饲料和饲料原料。由于水产养殖的独特性,在运用这些基本原则时,必须考虑到水产养殖动物和陆生动物生产之间的差异。

为控制可能影响食品安全的危害,饲料经营者应根据具体情况实施良好生产规范和HACCP原则(若适用),从而确保饲料安全,特别是在合理可行的情况下防止动物饲料和动物源性食品受到污染,同时应认识到通常不可能完全消除危害。

有效实施良好生产规范以及HACCP的原则(若适用),特别是要注意解决以下方面问题:

生产场所

加工饲料和饲料原料所用的建筑物及设备,必须具备易于操作、维护和清洁的构造,并尽量减少饲料污染。在设计生产设施内部工艺流程时,也应考虑到尽量减少饲料污染。饲料生产用水应符合有关卫生标准,应达到适合动物饮用的水质。对于储水和输水用的水箱、管道和其他设备,应使用合适的材料制作,且不得产生不安全水平的污染。对于污水、废水和雨水的处理,应避免对设备、饲料和饲料原料造成污染。

接收、储存和运输

化肥、农药和其他不准备用于饲料和饲料原料的物料，应与饲料和饲料原料分开存放，避免造成可能的生产错误以及对饲料和饲料原料的污染。

已加工的饲料和饲料原料应与未加工的饲料原料分开存放，并应使用适当的包装材料包装。接收、储存和运输饲料和饲料原料时，应尽量减少潜在交叉污染的可能性，以避免对食品安全造成不利影响。

应对饲料和饲料原料中的不良物质进行监测和控制。

应尽快交付并使用饲料和饲料原料。储存和运输所有饲料和饲料原料时，应尽量减少变质和污染的情况，并将正确的饲料供给合适的动物群。

在处理、储存、运输饲料和饲料原料的各环节，均应注意尽量减少变质和损坏的情况。应采取特别预防措施预防真菌和细菌在湿饲料和半湿饲料中滋生。应尽量减少饲料和饲料原料的生产过程中和加工设施中的冷凝现象。为遏制真菌和细菌的滋生，干饲料和饲料原料应保持干燥。

残余饲料和饲料原料以及其他含有不安全水平的不良物质或任何其他危害的物料不得用作饲料，但应以适当的方式进行处理，包括遵守所有适用的法律要求。

人员培训

所有参与饲料和饲料原料生产、储存和搬运的人员均应接受充分培训，以认识到他们各自在保护食品安全方面的作用和责任。

环境卫生和虫害控制

饲料和饲料原料、加工厂、储存设施及其周围环境应保持清洁，并实施有效的虫害控制计划。

用于生产、加工、运输、储存、输送、搬运、称重的容器和设备应保持清洁。应实施有效的清洁计划，尽量减少洗涤剂和消毒剂的残留。

干饲料或饲料原料的生产设备应湿洗清洁处理，并进行干燥。

在清洁湿饲料和半湿饲料以及饲料原料的加工设备时，应采取特殊预防措施，避免真菌和细菌的滋生。

设备操作和维护

饲料和饲料原料生产所用的所有磅秤和计量设备均应符合待测定的重量和容量范围，不得超负荷，并定期进行精度校正。

饲料和饲料原料生产所用的混合设备应符合待混合的重量或容量范围，能够生产出合适的均质混合物和均质稀释剂，并定期进行性能测试。

饲料和饲料原料生产所用的所有其他设备均应符合待加工的重量或容量范围，并定期进行监测。

> **生产控制**
>
> 为避免不同批次含有受限或其他潜在有害物质（如某些动物副产品粉末、兽药）的饲料/饲料原料发生交叉污染，应采用合适的生产程序（如冲洗程序、生产工序排序和物理清洁）。这些程序也可用来最大限度减少加药饲料和非加药饲料以及其他不兼容饲料之间的交叉污染。如果交叉污染相关的食品安全风险很高，且人们认为没有彻底使用冲洗和清洁方法，则应考虑使用完全独立的生产线以及运输、储存和交货设备。
>
> 应根据具体情况，在饲料生产过程中，采用适当的病原体控制程序，如热处理或添加许可使用的化学品，并在适当的生产步骤中进行监控。
>
> 资料来源：《国际食品法典——动物饲养良好规范》（CXC 54—2004）。

3.1　基本原则

饲料生产商、制造商、操作者、运输商和使用者都应了解与饲料和饲料原料、生产和制造工艺流程，以及饲料生产、搬运、储存、运输和使用环境相关的危害。

良好生产规范应能确保最大限度地减少在饲料生产、加工、搬运、储存、运输和使用过程中的危害。

应将良好生产规范的有效实施作为建立有效危害分析和关键控制点（HACCP）体系的前提条件。

应科学验证有助于确保饲料安全的控制措施。应根据饲料产品的性质和饲料企业的规模，对这些控制措施的落实情况进行监测、纠正、验证和记录。

应定期审查饲料安全体系，并确定是否需要修改。此外，饲料企业相关潜在危害或控制措施（如新工艺、新原料、新产品、新设备、新科学知识）发生重大变化的，也应审查饲料安全体系。

所有相关方之间应就饲料和饲料生产/生产工艺保持适当的沟通，确保整个饲料/食品链的饲料安全。

3.2　管理层对饲料安全的管理

形成并维持积极的饲料安全文化，以及认识到人类行为在保证饲料安全方面的重要性，是任何饲料安全体系成功运作的基础。以下因素有助于形成积极的饲料安全文化：

• 管理层和所有人员致力于安全饲料的生产和销售。

- 管理层确定正确的方向，让所有人员参与饲料安全实践工作。
- 饲料行业所有人员均认识到了饲料安全的重要性。
- 饲料行业所有人员之间应公开、明确地进行沟通，包括关于偏差和期望值的沟通。
- 有足够的资源确保饲料安全体系的有效运作。

管理层应采取以下措施确保饲料安全体系的有效性：

- 确保在饲料企业中明确沟通各自的角色、职责和权限。
- 在计划和实施变更措施时，保持饲料安全系统的完整性。
- 确认控制措施已实施并正常运行，且文件是最新的。
- 确保对人员进行适当的培训和监督。
- 确保遵守相关监管要求。
- 考虑到科学、技术和良好规范的发展，鼓励持续改进饲料安全体系（若适用）。

3.3 良好生产规范

良好生产规范是确保饲料安全的规范和程序，应在整个饲料链中贯彻实施。良好生产规范是实施危害分析和关键控制点（HACCP）原则的必备条件，旨在预防、控制和检出潜在的污染，包括饲料生产过程中可能会发生的交叉污染。

3.3.1 饲料厂的选址

饲料厂选址时，应考虑潜在污染源的情况，以及任何可能采取的饲料合理保护措施的有效性。饲料厂所在区域不得有任何不可接受的烟雾、灰尘和其他污染物。

饲料厂通常应远离以下地区：

- 环境污染地区以及构成严重饲料污染威胁的工业活动所在地区。
- 易受洪水影响的地区（除非有足够的保障措施）。
- 易发生虫害或有牲畜和野生动物出没的地区。
- 无法有效清除固体废弃物或液体废弃物的地区。

应记录为防控潜在污染源而采取的措施，并审查其有效性。应根据饲料安全风险，控制外来人员的进出。如果无法控制外来人员进入饲料厂，应采取措施防止发生污染（国际标准化组织，2016a）。

3.3.2 建筑物和设施

所有建筑物和设施的设计及构造应确保饲料和饲料原料不会受到危害的影

响。设施内应有足够的空间进行各项作业，应安全存放设备和物料。应精心设计筒仓、料仓、设备和装置。这些设备应易于开展维护和清洁操作。建筑物的位置、设计和构造应能防止害虫侵入，并最大限度地减少啮齿动物、鸟类和其他害虫的接触。

图 3-1 列举了水平、半水平和垂直式设计的生产线布局。

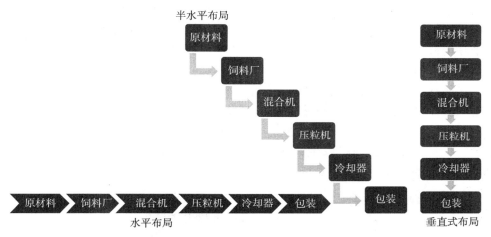

图 3-1 饲料厂布局示意

3.3.3 设计与布局

饲料厂的内部设计与布局应便于进行良好卫生操作，包括防止发生交叉污染。在可能发生交叉污染的情况下，应通过物理手段或其他有效手段将生产活动完全隔离开（图 3-2、图 3-3）。

图 3-2 外部区域没有铺设地面，可能会污染生产区，小型运输车辆和人员可能会携带泥土

图 3-3 所有区域都应保持清洁，不应堆积吸引或藏匿害虫的物料

建筑物和设施应便于清洁，包括便于进入相关设施的内部，应有足够的空间正确地进行各项工艺操作和产品检验。设计、建造和维护建筑物外部时，应防止污染物和虫害进入。建筑物的所有出入口均应设有屏障，进气口的位置要适当，屋顶、墙壁和地面都应进行维护，以防渗漏。

饲料厂内不得有花园、其他植被和地表水（如池塘），但如有必要用于其他用途，应仅限设立在饲料厂外部区域，因为它们能够吸引鸟类和其他害虫，因此增加了饲料污染的风险。应对植被进行养护、移除或以其他方式管理，以消除饲料安全危害。停车区、外部区域和所有通往饲料厂的通道都应避免污染生产区，如车辆碾压的泥迹或雪迹。

如有必要，应在远离生产区、其他物料储存区和包装区的地方专门划定并适当设计有毒、易爆或易燃材料的储存区域。

设计和建造进料及装料设施时，应确保购入原料和出厂成品饲料的安全。应确定散装材料接收生产线的接入点，并确保该生产线不得用于其他用途、不得受污染。应采取适当的控制措施避免被水污染或遭受虫害（图 3 - 4）。

图 3 - 4　在露天区域卸载饲料原料，原料可能会受到害虫、鸟类和雨水的污染

设计、建造和维护饲料工艺流程和生产区时，应确保能够控制饲料安全危害。

3.3.4　内部构造和配置

饲料厂内部结构应采用耐用材料。这些内部结构应易于维护和清洁以及消毒（若适用）。为保证饲料安全，应符合下列具体条件：

- 墙壁、隔断和地面的表面应采用防渗材料制成，按照预期用途使用时不会产生毒害作用。

- 墙壁和隔断的表面应平滑，便于清洁。
- 根据生产性质建造地面，确保能够彻底进行排水和清洁。
- 应建造天花板和架空固定装置，并尽快完工，以尽量减少灰尘和水汽的积聚，并减少粒状物料的掉落（图3-5）。

图3-5　害虫、鸟类和灰尘可能通过房顶的敞口进入厂内，污染生产环境

- 生产区和储存区的屋顶应自动排水，不得有漏水现象。
- 窗户应便于清洁，其构造设计应能尽量减少灰尘的堆积，应安装易拆卸和易清洗的防虫纱窗。
- 门的表面应光滑、不吸水，且易于清洁。
- 可能直接接触饲料原料的工作台面（如称重台）应处于良好的状态、经久耐用、易于清洁和维护。
- 在设计、选址、操作检测区和实验室时，应确保能够避免污染饲料厂内的物料储存区和生产区。
- 应防止造成积水或清除积水。

3.3.5　供水

任何与饲料和饲料原料接触的水应达到饮用级别。应供应足够的饮用水，并有适当的设施来储存、输送此类饮用水，同时应控制水的温度。饮用水参数可参照《世界卫生组织饮用水质量指导标准》（世界卫生组织，2017）。

使用回收水或循环利用水的，应开展风险评估，证明此类水可以使用。应有独立的回收水或循环利用水供应系统。该系统必须有标识，且不得连接到主供水系统或饮用水系统中。同时，必须采取措施防止回流到主供水系统或饮用水系统中。

用于消防、蒸汽生产、制冷和类似用途的非饮用水，应有独立的供水系统。应明确标识非饮用水系统，不得连接到或不得回流到饮用水系统中。所有软管、水龙头和其他类似的可能污染源都应设计成防回流或防虹吸的样式。

使用水处理剂的，处理剂应符合食品级安全标准。应对化学处理方法进行监测和管控，确保使用剂量正确。

3.3.6 清洁设施

应配备足够的专用设施来清洁用具和设备。此类设施应有足够的冷热水供应（若适用）。理想情况下，该类设施应采用易于清洁的耐蚀材料建造，其供水温度应适于使用清洁剂。所有清洁剂均应符合食品级安全标准。

清洁设备时，应远离饲料储存区、加工区和包装区，以防止污染。

清洁剂和消毒剂应用于预期用途，明确标识，分开存放，且只能按照说明书来使用。

应按照预期用途使用器具，维护和存放器具时，应防止出现污染。

3.3.7 人员卫生设施

应配备个人卫生设施，确保能够保持合适程度的个人卫生。应确保个人卫生设施和厕所随时可用，明确指定为专用并进行维护，以防止发生污染。此类设施应包括（若适用）：

- 适当的洗手和干手装置，包括洗手盆和冷水热水供应，或控制在合适温度的供水。
- 持续供应饮用水。
- 足够数量的厕所，卫生条件适当，附近有洗手盆，并配有肥皂、纸巾或其他适当的干手装置。
- 厕所应尽量远离生产线。
- 足够数量的员工更衣间。

应适当选择该类设施的位置，并进行适当设计。应根据操作性质，在产品处理区设有洗手设施或消毒设施（图3-6至图3-8）。

图3-6 个人卫生设施条件差，设施应该是干净的，配备饮用水、洗手液和干手装置

图 3 - 7 存放员工物品的储物柜条件差，
　　　　不符合良好生产规范

图 3 - 8 储物柜状态良好，保持
　　　　良好的卫生和清洁

3.3.8 空气质量、温度和通风

应配备足够的自然通风或机械通风设施，以确保：

- 尽量减少气溶胶和冷凝水珠给饲料带来的空气污染，特别是在开放式生产系统中。
- 控制可能对饲料安全产生不利影响的环境温度。如有必要，供暖、制冷或空调系统的设计和安装应确保进气口或排气口不会对产品、设备或器具造成污染。
- 提供足够的通风能力，防止油脂和冷凝水沉积在墙壁和天花板上。
- 控制湿度，确保饲料的安全性和适用性。

设计和建造通风系统时，应确保进气口只吸入干净的空气。理想情况下，通风系统的设计应确保空气从清洁区流向污染区。机械通风系统应进行彻底维护和清洁。

直接接触饲料的空气和气体，包括用于输送、吹气或干燥的空气和气体，不得影响饲料的安全。应按照预期用途使用燃料（国际标准化组织，2016a）（图 3 - 9 至图 3 - 11）。

图 3-9　灯具无保护装置，如破损
　　　　会造成污染

图 3-11　新照明系统（占用空间少，不会
　　　　堆积灰尘，不会吸引昆虫，
　　　　灯具保护良好，光照更佳）

图 3-10　灯具保护良好

3.3.9　照明

　　照明光源应足以保证照亮整个生产区和储存区。此外，设备和器具清洁区、洗手区和厕所均应有充足的照明。在需要人工照明的地方，其设计应确保物品能显示出真实的颜色（插文4）。

> ➡ **插文4　建议的照明条件**
>
> 检验区540勒克斯、工作区220勒克斯、其他区110勒克斯。

　　在对饲料进行外观检查以及对仪器进行监控的区域，充足的照明条件十分重要。灯具的设计应确保灯具破损时不会污染饲料。

3.3.10　设备

　　设备和容器应采用无毒材料制成，应能适当进行拆卸，以便进行适当维护、清洁和检查。应将设备放置在远离墙壁的地方，以便于进行清洁和维护以及检查和防止虫害侵扰。

实现和控制特定工艺条件（如温度、湿度和空气流量）所使用的设备，应配备适当的计量装置，并定期检查其准确性。这一要求的目的是确保：

- 消除或减少有害微生物或不良微生物或其毒素，或有效控制有害微生物或不良微生物存活和生长。
- 按照基于危害分析和关键控制点（HACCP）原则的计划，监测关键限值，若适用。
- 达到并保持饲料安全所需的温度和其他条件。

废弃物、副产品和非食用物质或危险物质所使用的容器应具备适当的构造，并明确标识。存放危险物质的容器应明确标识并上锁，以防污染产品和环境。废弃物或有害物质所使用的容器不得用于存放饲料。

对于开封或称量饲料添加剂和兽药所使用的勺和刀具等器具，应该系住或以其他方式确保安全，不得放在地面上或放在饲料原料包装袋上以及托盘上方（图 3 - 12）。

应按照混合机的装载量，生产均质混合物。应根据饲料配方（体积、密度和组分特征）调整每批原料重量和混合时间，避免粒料的分离和凝聚。

在饲料和饲料原料生产过程中使用的供料器、输送器、闸门和定量给料设备均应定期进行精准度测试。

称重设备，如磅秤和其他计量装置，不得超负荷使用。称量和剂量设备应符合待测定的重量和容量范围（图 3 - 13）。

图 3 - 12 磅秤放置不当导致称量原料出现误差　　图 3 - 13　正确放置并维护磅秤

应对散装饲料料仓的使用进行管理，确保只能装入正确的饲料原料。应定

期检查筛网、滤网、过滤器和分离器是否可能损坏，并确保其有效运行。

设计和建造直接接触饲料的设备、容器和其他器具时，应确保在必要时能够对其进行彻底清洁和维护，以避免污染饲料（图 3-14、图 3-15）。

图 3-14　未维护加工设备　　　　图 3-15　产品堆积在设备上，未清洁

设备、容器和器具应使用无毒材料制成，并按照说明书的规定使用。涂料、油漆、化学品、润滑剂和其他用于表面或与饲料接触的材料或设备应符合食品级安全标准，不得对饲料造成不可接受的污染。

应根据制造商的建议，对监测和控制可能影响饲料安全的所有设备采取合适的校准方法及校准频率。设备应由经过适当培训的工作人员校准。在饲料和饲料原料生产过程中，应按照说明书的规定使用计量装置和定量给料机。

对于维持饲料安全的计量装置和定量给料机，应进行标识，并应遵守以下要求（国际标准化组织，2016a）：

- 首次使用前进行校准，并根据国际或国家测量标准，按照规定的时间间隔重新校准；如果没有此类参照标准，则应记录校准依据。
- 根据需要进行调节或重新调节。
- 进行标识，使其达到需确定的校准状态。
- 防止因调节导致测量结果无效。
- 防止损坏和老化（若适用）。

表 3-1 汇总了对上述所有工厂和设施应达到的目标以及建议。

表 3-1　建议的工厂布局和设计方法

工厂设计和设施	建议的方法	目标
选址	远离污染区以及易受水浸、虫害侵扰和存放废弃物的区域	避免污染饲料

（续）

工厂设计和设施	建议的方法	目标
设计和布局	采用物理方法单独开展可能造成污染的活动 覆盖并保护物料接收设施和物料装载设施 有足够操作空间 防止害虫和污染物进入 妥善储存危险物品 污水和排水系统之间不得交叉连接	能够进行良好的清洁操作 防止外部污染和交叉污染 防止天气、虫害等造成的污染
内部结构和装置	墙、门和隔断表面光滑 窗户装有可拆卸的、可清洁的纱窗 地面可充分排水	可以进行清洁 避免尘土堆积
设备	用无毒材料制成 有效控制运行条件 易于拆卸、清洁和维护 标识用于存放废弃物和危险物质的容器	避免饲料污染、交叉污染和饲料残留 有效监测关键控制点（CCP） 避免意外污染和恶意污染
供水	根据世界卫生组织指南，在需要的地方提供饮用水 监测和控制化学处理过程	避免饲料污染和设备污染
排水和废弃物处理	排水和废弃物处理设施不得与饮用水交叉连接	避免饲料污染和设备污染
清洁设施	耐腐蚀，易于清洗 与生产区和储存区分开	防止污染 维持器具和小型设备的清洁状态
卫生设施	配备洗手和干手装置 厕所附近配备洗手盆 配备肥皂和纸巾 持续供应饮用水 备有防护服	保持适度的个人卫生，以避免饲料污染 避免人员在不洗手的情况下通过/进入工厂区
空气质量、温度和通风	必要时控制温度和湿度并进行通风 安装气体取样器和报警器（若可能） 空气从清洁区流向污染区	尽量降低饲料的空气污染
照明	具备充足的人工光源或自然光源 照明器材有适当的防护装置	确保具备卫生条件和检查时充足的光线条件 保护食品，使其不会因灯具破损而发生污染
储存	可以适当进行维护、清洁和检查 如产品损坏或溢出，应尽快清理 不合格品、废料和化学品应分开存放	避免储存材料变质和损坏 防止污染其他区域

3.3.11 个人卫生

如果存在可能污染饲料的风险，已知或怀疑患有或携带某种可能通过饲料传播的疾病的人员不得进入任何加工区域。任何受此影响的人员均应立即向管理层报告任何疾病或疾病症状，并另行分配到合适的岗位或遣送回家。

应向管理层报告以下疾病症状：

- 黄疸。
- 腹泻。
- 呕吐。
- 发热。
- 发热伴咽痛。
- 肉眼可判断感染的皮肤损伤（烫伤、割伤等）。
- 耳朵、眼睛或鼻子分泌物。

饲料操作人员应保持个人清洁卫生，穿戴合适的防护服、头罩和安全鞋（若适用）。这些防护用品应保持卫生状态。衣物的设计不仅要在必要时保护员工，而且要避免员工污染饲料。如需要戴手套，应采取控制措施，以确保手套保持必要的卫生状态且不会被卷入饲料中。

应明确制订关于在作业现场禁止吸烟和饮食的规定。指定的吸烟区和饮食区应远离饲料搬运区、储存区或加工区。个人物品，如可能从口袋里掉出来的物品，可能对饲料安全构成威胁，不得携带到饲料储存区、加工区或搬运区。

承包商和任何其他人员（包括饲料厂员工）前往加工区和搬运区时，应穿防护服，并遵守其他个人卫生规定。

3.3.12 清洁

清洁作业时，应清除可能是污染源的残留物和污物。清洁作业尤为重要，可以避免违禁饲料成分（例如，许多国家禁止在反刍动物饲料中添加反刍动物蛋白）进入饲料链。

清洁方法和清洁材料必须符合饲料安全标准。应采用规定的清洁度标准，确保尽量在饲料加工、储存和搬运的各环节降低对病虫害和病原体的暴露程度。

应制订清洁计划并记录实施情况，以确保在任何时候都能够彻底清洁饲料加工、储存和搬运设施，从而始终维护饲料安全。对于风险评估识别出来的风险，应制订消毒计划并记录实施情况。应监控、验证上述清洁计划和消毒计划的实施情况，并验证其持续适用性和有效性（若适用）。设施和设备应始终易于进行湿法/干法清洗或卫生处理。干燥工艺区应在湿法清洁后或卫生处理后保持干燥。委派专人负责进行清洁检查，并保存所有检查记录。

只有符合食品安全标准的清洁剂和消毒剂/卫生处理剂才能用于处理饲料，且只能按照制造商的建议和安全数据表的要求使用。当使用清洁剂和消毒剂/卫生处理剂处理饲料时，必须确保能够始终控制在正确有效的稀释水平。

如有必要，清洁剂和消毒剂/卫生处理剂必须分开存放在容器中，并明确标识，以避免发生（恶意或意外）污染风险。

清洁和消毒计划应至少规定以下事项（国际标准化组织，2016a）（若适用）：
- 需要清洁或消毒的区域、设备和工具。
- 相关人员开展规定工作任务的责任。
- 清洁/消毒方法和频率。

如果使用吸尘器来"吸走"设施中的碎屑，应采取措施防止发生污染，确保受污染物质不会扩散出去。

应恰当使用、维护和存放清洁工具，以防发生污染。

3.3.13 加药饲料生产过程中的清洁

3.3.13.1 工序排序

工序排序是一种预先计划好的加药饲料生产顺序，旨在控制兽药残留进入适用动物/非适用动物后续批次饲料的生产过程中。当共用设备按可接受的顺序生产饲料时，不需要专门清洗该设备，这就大大节约了饲料生产成本。在饲料行业，更倾向于工序排序，而不是冲洗或清洗，因为工序排序可以防止生产系统生产完不同批次饲料后停工，并最大限度地减少可用饲料的浪费。饲料批次的加工顺序决定了不安全饲料残留的可能性。

应按顺序生产含同一兽药的加药饲料：先应生产兽药含量较高的饲料，最后生产兽药含量最低的饲料。兽药浓度最低的饲料生产结束后，紧接着生产供同种动物的不加药饲料，之后才用来生产其他非同种动物的饲料。

生产供同种动物（如猪）的加药饲料，且饲料中含有的兽药须遵守规定的停药时间的，应按以下顺序混合饲料：含兽药的保育猪饲料、母猪饲料、育成猪饲料，最后是育肥猪饲料。越是接近屠宰/出栏期的动物，越要注意其育肥饲料。

使用生产工序排序方式来避免兽药残留超标时，必须保存详细的饲料生产记录，标识最后一批饲料，以便尽量减少人为错误。对具有特殊毒性的兽药，应在饲料生产过程中采取专项风险缓解措施。如果打乱了规定的生产顺序，应采用有效的清洁程序。

清理散装饲料卡车上的料罐时，也可用工序排序法。根据散装饲料卡车上的料罐类型，如果车上有多个料罐，饲料厂和散装饲料卡车的操作人员必须认真安排卡车的装载方式以及料罐的卸货顺序。饲料厂应记录他们的散装饲料卡车上的料罐何时排序以及如何排序。饲料厂将另一批饲料装进料罐之前，还应证明其已经对料罐进行了彻底清洁。所有此类清洁方案均应经过适当验证，以证明其有效性和适用性（联合国粮食及农业组织和世界卫生组织，2019e）。

3.3.13.2　冲洗

冲洗作业适用的饲料通常是磨碎的谷物，通过饲料生产系统输送足够数量的饲料，从而"冲洗"出残留的加药饲料。冲洗作业使用的饲料数量取决于设备的类型，应与制造商核实设备是否具有最佳清洁性能。第一批冲洗饲料会比最后一批污染更严重，如果第一批冲洗饲料被饲喂给非适用动物以及因质量控制和监管需要采集样品时，须考虑到这一点。正因为如此，大多数国家的加药饲料法规规定，"首次冲洗"的饲料不得用于饲喂蛋鸡和泌乳奶牛，也不得用作屠宰/出栏前动物的育肥饲料。

冲洗混合机后，新的冲洗材料通过整个生产系统的方式与之前加药饲料的方式相同。在这种情况下，必须将冲洗材料存放在单独的料罐中，以便添加到相同的加药饲料中。对于散装运输饲料，有些制造商在把饲料运到养殖场后，会使用相同的冲洗材料把散装饲料卡车料罐中的饲料冲洗出来。有些制造商会简单地丢弃冲洗材料，以防止发生意外的交叉污染（联合国粮食及农业组织和世界卫生组织，2019e）。

3.3.13.3　物理清洁

物理清洁是指员工进入生产系统所在区域，通过清扫、刮擦、清洗和消毒等方式来清洁生产系统。这是在清洁生产系统各环节消除兽药残留风险最有效的方法。但与工序排序和冲洗相比，这种方法耗费了较高的生产时间成本。有些饲料厂仅在必要时进行物理清洁，如使用液体原料（如脂肪或糖蜜）混合饲料时，这些原料会残留在生产系统中，且无法通过其他方式去除（联合国粮食及农业组织和世界卫生组织，2019e）。

3.3.14　饲料储存、运输和加工过程中的污染

3.3.14.1　饲料厂的交叉污染

在同一饲料厂内，可在同一条生产线上生产不同饲料，并使用主混合机进行搅拌。饲料装入运输卡车前，在整个生产线的不同位置处，如主混合机、缓冲仓、斗式升降机、料仓、制粒机、粒料冷却器和粒料料仓，都可能发生因兽药残留导致的潜在交叉污染。

3.3.14.2　饲料运输和卸载过程中的交叉污染

将饲料连续装入饲料运输卡车上的同一料罐时，可能会在料罐中发生交叉污染（罐内污染）。

饲料输送系统也可能发生交叉污染，如果先前运输的加药饲料残留在输送机螺旋中，就可能与随后运送到养殖场的非加药饲料发生交叉污染。为尽量减

少饲料运输过程中的污染风险，应使用保养良好的车辆、使用顺向进料料罐（back bin）来缩短输送回路长度，以及在运输后进行彻底冲洗或清洁，这些措施都可能会降低风险（联合国粮食及农业组织和世界卫生组织，2019e）。

3.3.14.3 维护

应按计划对设备进行维护保养，确保设备一直处于安全有效的工作状态。对于那些有助于确保安全饲料生产的设备，应记录其维护情况。

应对现场工作的工程师和维护保养承包人员进行管理，确保其建造和维护工作不会对饲料安全产生不利影响。应制订适当的程序用于维护作业现场，确保在已进行维护或建造工作的区域重新开始工作之前，工具、部件或设备放置在适当的位置，并已完成适当的清洁和整理工作。应优先安排处理影响饲料安全的维护要求。

开展维护作业时，应防止发生污染。临时维修不得影响饲料安全。维护计划中应包含日常检修，更换零配件。在关于维修后的设备再次投入生产的程序中，应规定卫生措施和使用前检查措施。对于可能直接或间接接触物料的部位，应使用适用的润滑剂和热传导液（国际标准化组织，2016a）。

3.3.15 虫害控制

应积极采取措施，控制和限制有害生物在加工区、储存区和搬运区的活动。应识别可能存在的各类动物问题（如鸟类、昆虫、爬行动物和哺乳动物），包括野生动物、野化动物和家养动物。应保存关于证明虫害风险得到充分管理和持续控制的记录。

禁止动物进入饲料厂厂房以及饲料商店和饲料厂周边区域（若可能）。在虫害不可避免的情况下，应实施保护饲料免受潜在污染的措施。任何有重大虫害风险的地方，都应在出入口设置足够的防护装置。门应尽可能保持关闭状态，关闭时，应紧密闭合并能防止虫害侵入。

建筑物应得到良好的维护并保持良好的状况，以防止虫害进入，应消除潜在的虫害滋生地点。孔洞、排水沟和其他可能有虫害进入的地方应尽可能密封。在无法密封的地方，应采取安装铁丝网等措施，以减少虫害进入的可能性（图 3-16）。

应迅速处理任何虫害问题，并按照饲料安全标准采取控制措施。只有具备合适资质/经过适当培训的人员才能执行

图 3-16　防鸟密封式料斗

所需的控制措施。

所有装饵容器都应固定在其预定位置，除非有特殊理由证明这样做是不合适的。敞口的装饵容器和松散的饵料不得放置在其可能会给饲料造成危害的区域。

应记录虫害控制过程，并确保杀死或抑制虫害的材料不会污染饲料。虫害控制记录应包括：

- 农药/杀虫剂的具体使用情况，包括安全数据表。
- 参与虫害控制活动的人员的资质。
- 饵料投放点位置图，并标明使用的饵料类型。
- 害虫发现情况记录。
- 实施的具体纠偏措施。

饲料企业应指定专人负责管理虫害控制计划或与其合格承包商进行沟通交流。

虫害控制计划应包括一份经批准可在饲料企业特定区域使用的农药清单。饲料企业应按照危险材料储存相关规定来存放所使用的所有农药。只有具备资质的员工才能使用农药，饲料企业应对其进行管控，以避免发生饲料安全危害。应记录所用农药的类型、数量和浓度，并保存使用记录。虫害控制计划应规定目标害虫和农药使用方法。

3.3.16 废弃物

必须正确标识废弃物和不宜用作饲料的物料，应分开存放并及时清除。废弃物不得在饲料加工区、搬运区和其他工作区堆积。

应收集废弃物，存放在有明确标识的垃圾箱或容器中，并进行隔离，以杜绝任何可能的意外或误用。应按照适用的环境法规依法处置废弃物。

用来装废弃物的容器不得用于装饲料。对于易吸引害虫的废弃物，其储存容器应加上盖子。这类废弃物容器也应存放在远离加工区和储存区的地方，并应尽快清除。必须彻底清洁废弃物储存区，并在清洁和消毒计划中规定废弃物相关处理措施（图 3-17）。

应制订关于废弃物隔离、储存和清除的相关规定。应管控生产区的清除频次，避免废弃物堆积。只能在

图 3-17　应妥善处置废弃物并加上盖子，避免污染并防止害虫

指定区域堆积废弃物。未经授权，不得随意处置指定为废弃物的材料（图 3 - 18）。

图 3 - 18 合理布局并维护废弃物处理区

3.3.17 排水

设计和维护排水口时，必须确保它们不会对饲料构成任何危害。不得将废水或从废水系统中回收的材料添加到饲料原料中。排水沟应具备足够的容量来处理预期负荷。合理选择排水沟的位置，如排水沟发生泄露，不得污染物料。排水沟的排水方向不得为从污染区到洁净区。

3.3.18 储存

饲料和饲料原料的储存区域应分开，以防止交叉污染。储存区不得存放任何化学品、化肥、农药和其他潜在污染物。

饲料和饲料原料应以易于识别的方式进行储存，防止与其他产品混淆。药物和加药预混料应存放在安全的地方，未经许可，任何人员不得进入。被拒收或被退回的产品应明确标识，并存放在隔离区，以防误用。

对于经批准的饲料，应按照其规格使用合适的包装材料或容器存放。加药饲料应存放在单独的安全区，远离非加药饲料，并明确标识。

设计和建造储存区时，应确保防止害虫进入。储存条件应满足所存材料的预期用途。干物料的储存区应保持干燥，并适当通风。当物料直接存放在地面上时，应采取措施防止污染。

包装物料应与墙壁保持足够的空间，以便进行检查、清洁和控制虫害。应彻底清理这些区域，并定期进行清洁。应按要求进行包装。

饲料和饲料原料应存放在阴凉、干燥的地方，以防止滋生霉菌。必要时应控制温度和湿度。

应采取适当的存货管理措施，确保饲料或饲料原料在使用/装运前或储存期间不会变质。若可行，必须按"先进先出"的原则使用，以及供应饲料和饲料原料（图3-19、图3-20）。

图3-19　物料储存井然有序　　　　图3-20　散装物料储存条件差

非饲料用的危险化合物应分开存放并进行防护。

限制使用的材料应分开存放，以避免交叉污染或误用。

3.3.19　运输

在运输过程中，应充分保护饲料和饲料原料。所有运输工具，无论是自有的还是承包的，无论是运输散装饲料还是包装饲料的，无论是通过水路、铁路还是公路运输，均应进行彻底清洁，以控制并最大限度减少污染风险。

应根据所运送货物的性质来选择最合适的清洁方法。一般来说，装载车厢应保持干燥，应进行清扫或使用吸尘器（若有效）。如果运输潮湿或黏稠的物料，则必须使用压力清洗器或蒸汽清洗器来清洗车厢。

运输加药饲料和其他高风险物料（包括随后发现被虫害或病原体感染的物料）的车辆，在再次运输饲料之前，应进行彻底清洁、消毒和干燥。签约他方运输的，应注意将维持清洁运输作为租用条件之一。应随时监控是否符合这一要求。

使用料罐、料箱或其他容器装载饲料和饲料原料之前，不得残留上次装载的物料。容器在装货前应保持清洁和干燥。

应检查运输工具中之前装载的物料是否与之后装入的物料兼容。应确认先前装载的物料，并确保运输饲料所用的车辆没有运输过可能导致长期污染的物料。

应定期对运输饲料和饲料原料的车辆进行清洁和消毒，以确保清洁的运输条件，避免沉积残留物。

应保护饲料产品不受污染，并保持干燥。在无法使用密闭车辆运输的情况下，应覆盖运载的物料。覆盖物应保持清洁、卫生和干燥。

应维护车辆、输送工具和容器，以确保保持清洁，达到适宜于物料和产品规格的卫生条件。应采取保护措施，防止物料损坏或污染。在适当的情况下，应控制温度和湿度，并进行记录。应记录清洁程序，并记录每次装载前后的清洁工作。

3.3.20　培训

饲料安全培训对饲料企业至关重要。所有员工均应认识到他们在保护饲料免受污染或变质方面的角色和责任。所有员工均应具备必要的知识和技能，确保以卫生的方式处理饲料。应指导操作人员正确使用清洁化学品或其他潜在危险化学品，以防造成饲料污染。

所有人员均应认识到他们在维护饲料安全方面的角色和责任。应记录所有培训活动。

应定期评估培训和指导方案的效果，开展例行监督和检查，确保有效实施各项程序。

管理人员和监督人员应掌握必要的饲料卫生原则和操作知识，能够判断潜在的风险并采取必要的措施。

饲料企业应定期审查并更新培训方案。应实施有关制度，确保相关人员（如维修人员）始终了解确保饲料安全所需的所有程序。应记录所开展的所有培训活动。

饲料企业在确定培训范围时，需要考虑的因素包括饲料相关危害的性质以及饲料的生产、加工、搬运和包装方式，包括污染的可能性。还应考虑并处理专业知识、教育、语言、文化和性别等相关问题（若适用）。

应根据个人的职责制订培训计划，并考虑以下主题：
- 适用于饲料企业的饲料安全原则。
- 与饲料行业相关的污染预防措施。
- 良好个人卫生的重要性，包括正确洗手和必要时穿着适当的衣服以确保饲料安全。
- 适用于饲料企业的良好卫生规范。
- 发现饲料安全问题时应采取的适当措施。

3.4　前提方案

良好农业规范和良好生产规范等方案，以及培训和溯源文件等其他规范和程序，确立了饲料厂的基本环境和运行条件，是实施 HACCP 体系的前提方案，并为 HACCP 体系的实施奠定了基础。

这些方案详细说明了各项程序的实施、监测和核实步骤，以及所有记录和所需的证据，饲料企业可将其编制成文件作为标准操作程序（SOPs）。

表 3-2 列出了标准操作程序中应包括的主要前提方案和主题。

表 3-2　主要前提方案和主题

前提方案	标准操作程序中的主题	应考虑的关键点
供应商审批	选择供应商	• 用来选择饲料原料供应商、确定饲料原料供应商是否合格的标准 • 获得批准的供应商名单
	管理供应商	• 监控供应商的效能，更新供应商状态 • 更新获得批准的供应商名单
	突发状况	• 在供应商被取消供货资格需要寻找替代供应商的情况下，或市场上饲料原料短缺的情况下，授予之前未批准的供应商供货资格；任何阻碍已获供货资格的供应商交付产品的其他事件
饲料原料来料控制	验收	• 饲料原料、包装物和其他材料的验收过程
	检查车辆和输送工具	• 车辆和输送工具的检查过程，以确认饲料原料、包装物以及交付的其他物料的完好性、安全性
	不合格的饲料原料、包装物和其他物料	• 不合格的饲料原料、包装物以及其他物料拒收条件
清洁	清洁方案	• 应进行清洁作业的区域和设备（场所区域、设备、升降机、器具等）
	清洁方案细则	• 须清洁/消毒的区域、设备和工具，具体工作任务，清洁/消毒/冲刷方法和频率
	验证、监测和核实清洁措施的有效性	• 监测、核实和验证其持续适宜性和有效性（若适用）
个人卫生	个人行为	• 需要遵循的细则（吸烟、饮食、防护设备、洗手等）
	卫生设施和厕所	• 用于个人清洁的卫生资源
水质	供水	• 接触产品的水的形式
	非饮用水	• 饲料厂使用的非饮用水及使用目的，非饮用水的输送以及输送系统的标识
	再生水	• 使用的再生水及其来源系统
	水处理	• 进行水处理，以控制/达到水质标准，使用的水处理化学剂的清单以及这些化学剂达到食品安全水平的证据
	水质控制	• 实施的水质控制措施，以及采用的参照标准（当地/国家法规、世界卫生组织指南等）

（续）

前提方案	标准操作程序中的主题	应考虑的关键点
维护	维护计划涵盖的设备	• 维护计划中应涵盖的设备名单
	在维护作业过程中保持卫生状态	• 在已经开展维护作业或建造作业的区域重新开展工作前，为确保已经完成合适的清洁和整理工作，而实施的有关程序
	维护申请	• 对影响饲料安全的事项申请维护及其优先顺序，临时维修不得损害饲料安全
	维护设备的运行	• 在维护设备运行程序中应规定清洁措施和使用前的检查措施
	润滑剂和其他液体	• 应按规定使用可能直接或间接接触物料的润滑剂和传热液体
害虫防治	害虫防范措施	• 建筑物的位置、饲料厂的设计和建造结构应能阻止害虫侵入，尽量降低害虫侵入的机会
	受害虫侵袭的物料	• 处理受害虫侵袭的饲料和饲料原料，防止污染其他物料、产品和场所
	害虫防治服务商	• 承接害虫防治工作的承包商应具备必要资质
	害虫防治计划	• 目标害虫的标识、适用的控制程序和防治措施，驱虫剂和饵料放置图
废弃物处理	废弃物	• 废弃物的形式及其产生地点
	废弃物盛放容器	• 废弃物的收集和储存，废弃物桶或容器的标识
	清除饲料厂的废弃物	• 饲料厂废弃物清除方式（由市政人员收集，或由具备法定资格的承包商收集）
校准	待校准的设备	• 生产流程和实验室中使用的所有需要校准的设备清单
	校准频率	• 设备校准频率或校准日期

3.5 危害分析和关键控制点（HACCP）

HACCP 是通过科学和系统的方法，确定具体的危害和危害控制措施，从而确保饲料安全和食品安全。HACCP 是一种基于预防的系统，旨在减少对最终产品检验和测试的依赖。

HACCP 体系应用于饲料/食品安全管理时，通过控制饲料/食品操作关键点的方法，来预防饲料/食品安全问题。HACCP 体系可应用于从初级生产商到最终用户的整个饲料链/食品链。

建立 HACCP 体系时，可以确定变更工艺参数、工艺步骤、制造技术、最终产品特征、分销方法、预期用途或适用的良好生产规范（GMP）的需求。HACCP 体系具有适用变化的能力，如设备设计、加工方法或技术开发方面的进步。

除了能提高饲料/食品安全外，应用 HACCP 体系的好处还包括通过集中关注关键领域而更有效地利用资源，以及通过在产品上市前识别饲料/食品安全问题而减少产品召回。此外，HACCP 体系的应用有助于主管部门进行审查，并通过增加人们对饲料/食品安全的信心来促进国际贸易。

对一些企业来说，实施 HACCP 可能是一个挑战。然而，HACCP 原则可以灵活应用于个别运营情况，企业可以动用外部资源（如聘请顾问），或者调整由主管部门、学术界或其他主管机构（如行业协会）制定的通用 HACCP 计划，使其适应具体现场情况。

3.5.1　HACCP 体系的原则

应根据以下 7 项原则来设计、验证和实施 HACCP 体系（联合国粮食及农业组织和世界卫生组织，2003）：

- 原则 1：进行危害分析。
- 原则 2：确定关键控制点（CCP）。
- 原则 3：设定关键限值。
- 原则 4：建立关键控制点监控程序。
- 原则 5：当监控表明某一特定关键控制点（CCP）失控时应采取的纠偏措施。
- 原则 6：建立验证程序，以验证危害分析和关键控制点（HACCP）体系的有效性。
- 原则 7：建立关于上述原则及其所有适用程序的记录和文件程序。

在整个饲料链/食品链中都可以考虑适用 HACCP 原则，应在对人类健康有风险的科学证据的指导下实施 HACCP 原则。

3.5.2　HACCP 体系的应用

相关部门应按照上述适当的、适用的前提方案制定和实施 HACCP 体系。除了良好农业规范、良好生产规范的相关要素外，前提方案还可能包括不符合项控制、溯源、文件控制等程序。对这些规范的遵守程度决定了实施 HACCP 体系的能力。

在危害分析过程中，应对危害发生的可能性进行评估，并设想能够持续实施前提方案。如果前提方案不足以进行危害控制，则应将更多关键控制点添加到 HACCP 体系中，增加其复杂性。

应定期评估前提方案的实施、监测和效果，并记录评估结果、必要措施和修改情况。

HACCP 体系的成功应用不仅需要管理层、员工积极参与和努力工作，而且还需要相关饲料企业开展关于 HACCP 体系应用的相关知识或培训。HAC-CP 体系还要求饲料企业根据各自具体运营情况确定一种跨学科的方法。该方法可能涵盖初级生产、微生物学、公共卫生、动物营养、饲料技术、环境卫生、化学和工程方面的专业知识（若适用）。

HACCP 体系的应用分为以下 12 个步骤（5 个预备步骤、7 项 HACCP 原则）：

（1）组建 HACCP 小组（步骤 1）。

组建 HACCP 小组，把负责饲料安全相关工作的人员聚在一起。小组成员应包括管理、饲料原料采购和验收、质量、研发、维护、生产和销售、质量控制等方面的负责人员。

应保存记录，证明小组成员具备足够的开发和实施饲料安全体系所需的知识及经验。

管理层应指定一名饲料安全小组协调员。

应以适当的形式证明饲料安全小组的人员构成。

HACCP 小组应确定 HACCP 体系的适用范围和前提方案。适用范围中应描述涉及的饲料产品和工艺流程。

（2）描述产品特征（步骤 2）。

饲料安全小组应描述并记录产品或产品组的特征，包括以下信息：

- 产品名称或类似标识。
- 产品成分。
- 对饲料安全非常重要的生物特征、物理特征和化学特征。
- 预设的保质期和储存条件。
- 包装方式。
- 与贴标签或处理、配制和使用说明、分配方式有关的饲料安全信息。
- 对最终产品的饲料安全监管要求。
- 接触产品的饲料原料和物料。
- 配方原料的成分，包括添加剂和辅助剂。
- 对直接接触产品的饲料原料和物料的食品安全监管要求。

法规提供了进行危害分析所需的必要信息，应及时更新。

（3）确定预期用途（步骤3）。

应说明饲料的预期用途及其合理的预期处理方式。

应提供预期用途相关信息，以帮助确定可接受的危害水平，并选择采取符合这些危害水平的一系列控制措施。

应确定每种产品组的用户群以及消费群体（若适用）。鉴于这些信息对危害分析的重要性，应考虑每种产品涉及的食品链所有环节。

应注意易受某些危害影响的群体。危害分析过程中，将用到该信息。必须记录此信息并随时更新。

（4）绘制流程图（步骤4）。

对于饲料安全体系涵盖的产品或产品组的工艺流程图，其设计应能评估饲料安全危害的发生、增加或引入情况。

流程图应清晰、准确并足够详细，使HACCP小组能够正确地进行危害分析。流程图应包括：

• 所有流程步骤的顺序和相互作用。
• 外部流程。
• 外包流程。
• 饲料原料和半成品投入工艺流程的位置。
• 返工和再加工的位置。
• 饲料、半成品、副产品和废弃物的输出位置。

图3-21中的流程图是最常用的。对流程步骤（即其每个方块）进行编号更实用。此外，同样重要的是，应将饲料原料、半成品、返工和再加工列入流程图，并进行编号，这种编号有助于在进行危害分析时将信息串联起来。

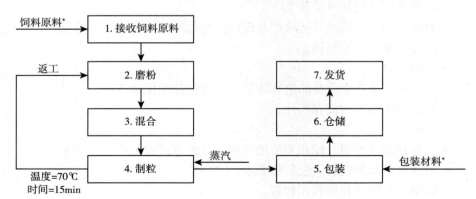

图3-21　颗粒饲料流程图简明示例

*所有原料和材料均可以单独列出。

资料来源：Angela Pellegrino Missaglia。

图 3-21 列出了操作顺序和其他信息，但并不包括危害分析的所有详细信息。因此，必须详细说明工厂内的物料和人员的流动情况，以便识别交叉污染路线和其他可能发生的危害。

HACCP 小组应在描述流程图的每个步骤时详细说明为确保产品安全而采取的所有控制措施或程序。此外，还应添加设备和辅助操作的详细信息。

HACCP 小组还应确定那些影响选择工艺步骤控制措施或程序的管理要求或客户要求。

HACCP 小组必须随时更新所有信息。

（5）现场确认流程图（步骤 5）。

流程图编制完成后，饲料安全小组应现场验证，确认信息的准确性。由于各项程序可能与流程图中的操作步骤不同，饲料安全小组现场验证时应考虑流程图中涉及的不同班次和各工作组开展的所有活动。HACCP 小组应在会议记录或流程图表格中记录现场验证情况，记录验证时间和验证人。

（6）进行危害分析（步骤 6-原则 1）。

危害分析应该是一个严格的过程，HACCP 小组必须收集关于先前步骤的所有信息、所有经验、饲料链/食品链其他环节的外部信息以及具体危害，以便决定应采取哪些控制措施，并将这些控制措施纳入饲料安全管理体系。

因此，必须遵循以下步骤：识别危害和确定可接受水平、进行危害分析和确定控制措施。

①识别危害和确定可接受水平。

HACCP 小组应将饲料安全危害作为可能对人类健康产生不利影响的生物、化学或物理危害。应记录流程图中确定的各工艺步骤相关信息。为识别可能发生的危害，必须在危害分析中考虑以下因素：

- 饲料原料——可单独进行危害分析或在饲料原料接收环节或添加环节评估相关信息。
- 环境和设备条件——确定流程图中的各步骤时进行危害分析。
- 在各步骤中进行的操作——确定流程图中的各步骤时进行危害分析，并在步骤描述中详细说明。
- 危害分析的前后步骤。随后的步骤可能会消除或减少危害，或者可能在之后的步骤中再次发生污染。
- 饲料链中的前后环节。

应识别和记录由于产品类型、工艺类型和加工环境或加工条件而可能发生的合理预期的饲料安全危害。

如果主管部门已经规定了特定危害/产品组合的制成品或工艺的最大限度、

目标、指标或标准，所涉危害与该产品自动相关。

对于识别出来的每种危害，若可行，应确定该危害在制成品中的可接受水平。可接受水平是指为确保食品链下游产品安全而规定的制成品危害水平。

饲料安全小组确定可接受水平时，应考虑到以下因素：

• 监管要求。

• 客户对饲料安全的要求。

• 饲料预期用途。

饲料安全小组应记录作为参照的可接受水平的理由及其数值。

因此，饲料安全小组应根据以下标准确定每种危害的可接受水平：

• 政府部门设定的目标和最大限度。

• 食品链下游的产品规格信息或客户报告的其他信息。

②进行危害分析。

危害分析包括识别所有潜在危害，以确定在具体情况下有哪些危害是重要的且需要进行控制。进行危害分析时，HACCP 小组应考虑：

• 危害源——从哪里引入饲料或环境以及是怎样引入的。

• 发生危害的可能性——定性或定量流行率以及发生频率和可能发生的最高水平或这些水平的统计学分布情况。

• 危害可能造成的不利健康影响的严重程度。

HACCP 小组应从科学文献、数据库、法规和外部专家以及自己的经验中收集危害信息。联合国粮食及农业组织/世界卫生组织关于动物饲料相关危害联合专家会议的报告提供了宝贵的危害信息（联合国粮食及农业组织和世界卫生组织，2019d）。

在评估危害发生可能性时，HACCP 小组应考虑工艺流程的前后步骤、设备、服务和环境以及饲料链的前（如饲料原料供应商）后（如加工、运输、分配和消费者）阶段。

危害分析可能会确定是否有必要控制某种特定危害。例如，当危害的引入或发生处于可接受水平而无须干预时，或者在食品链的其他阶段已经实施了适当的控制措施，或者不太可能将危害引入工艺流程中，或者危害量极低，很容易就能达到可接受水平，就可以确定没有必要控制这类危害。

应根据有害健康影响的可能严重程度及其发生可能性，评估每种饲料安全危害。应记录评估方法及其结果。

开展这种评估时可以使用矩阵来评估危害的严重程度（图 3-22）。

危害的严重程度决定了是否必须消除危害或将危害降低到可接受水平，以及应采取哪些控制措施。上述矩阵中的 3 级危害和 4 级危害可视为重大危害，可能需要采取具体措施进行控制，这些措施可作为前提方案的补充。

高	3	4	4
中	2	3	4
低	1	2	3
	低	中	高

发生概率（左侧纵列）

严重程度

图 3-22　评估危害严重程度的矩阵示例

③确定控制措施。

HACCP 小组应根据危害分析的结果，选择采取一系列控制措施，从而预防、消除危害或将危害降低到既定的可接受水平。

通常需要采取多种措施来控制危害，同一控制措施可以控制多种危害，但不一定能够达到相同的效果。

应对危害控制措施的有效性进行评估。因此，在实施之前，应对这些措施进行验证，证明如果实施得当，能够将危害控制到可接受水平（联合国粮食及农业组织和世界卫生组织，2013c）。

应从以下方面评估控制措施的效果：

• 控制措施是如何影响危害的。
• 危害水平受到多大影响。
• 应实施控制措施的阶段或位置。

（7）确定关键控制点（步骤 7-原则 2）。

HACCP 小组应根据危害分析结果确定关键控制点（CCP）。HACCP 计划中应包含危害分析过程中确定的重大危害，如果不能有效控制此类危害，可能会对人类健康产生不利影响。

考虑到危害分析过程中提出的控制措施，HACCP 小组应确定在哪些步骤中实施控制措施。应对每一步骤及其控制措施进行评估，并确定关键控制点。关键控制点是在 HACCP 系统中采取一项或多项控制措施来控制重大危害的重要步骤。

对关键控制点编号有助于在 HACCP 系统中进行查阅。

在这一步骤中，判断树是一种确定关键控制点的有用工具，应谨慎选择和使用。最常见的问题是，在完成危害分析之前使用判断树。使用判断树可确定许多对健康产生不利影响可能不显著的潜在危险，可建立与饲料安全没有直接关系的关键控制点。经验还表明，严格使用判断树有时会做出与常识相矛盾的判断。

图 3-23 列出了国际食品法典委员会推荐的判断树（联合国粮食及农业组织和世界卫生组织，2003）。

（8）设定关键限值（步骤 8-原则 3）。

应设定每个关键控制点的关键限值，确保危害未超出可接受水平，并确保

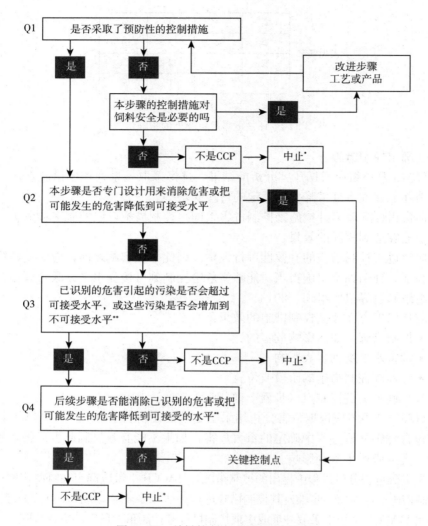

图 3 - 23 关键控制点（CCP）判断树

* 继续进行上述过程中确认的下一个危害。

** 应在总体目标范围内界定可接受水平和不可接受水平，并确定 HACCP 计划中的关键控制点。

资料来源：联合国粮食及农业组织，世界卫生组织，2003。

关键控制点受控。

如果超出或违反了关键限值，受影响的产品应被视为潜在不安全产品。

为监测每个关键控制点和控制重大危害，HACCP 小组应设定关键限值。对于控制一种以上危害的关键控制点，应设定关键限值来监测每种危害。

还可以设定比关键限值更严格的操作限值。操作限值起安全系数作用，提供了必要的纠偏机会，并在产品可能变得不安全之前，重新控制工艺流程。设定操作限值时，应考虑到：

- 测量过程的准确性和精密度。
- 产品和工艺的变化。
- 符合质量规格要求的限值。

关键限值是一种可观察或可测量的标准，与关键控制点中采取的控制措施有关，是区分可接受和不可接受的判定值。如果关键限值是基于主观数据（如目测检查），应对员工进行培训。

HACCP 小组应记录选择关键限值的原因，这些限值可能是由法规、科学文献、约定的规范等确定的。

（9）建立关键控制点监测系统（步骤 9 - 原则 4）。

为证明关键控制点（CCP）受控，应建立关键控制点监测系统。该系统应包括所有相关程序、指示和记录，包括：

- 在适当期限内提供测量或观察结果。
- 使用的监测仪器。
- 适用的校准方法。
- 监测频率。
- 监测和评价监测结果的职责及权力。
- 记录和方法要求。

监测方法和监测频率应能及时确定何时超过关键限值，以便在使用前对产品进行隔离。

通常，关键控制点监测程序应提供实时信息。如果无法做到这一点，监测活动应能及时提供信息，以便进行调整，从而确保工艺流程受控并防止违反关键限值和安全限值。因此，没有时间进行冗长的分析，最好采用化学分析，而不是微生物测定方法。

（10）制订当监测到某一关键控制点失控时应采取的纠偏措施（步骤 10 - 原则 5）。

对于每个关键控制点，HACCP 系统应包括一套事先计划好的纠偏措施，能够控制和纠正关键控制点，从而确保找出任何不符合项的原因并防止再次发生。

因此，HACCP 小组应确定在监测结果超出每个关键控制点的关键限值时应采取的行动。

首先，应立即采取措施消除发现的不符合项，否则应进行纠正。纠正内容可能包括工艺调整、再加工或产品改作其他适合用途。

纠偏措施应消除发现的不符合项原因，这需要确定根本原因，从根本上来纠正偏差，以最大限度地减少再次发生偏差的可能性。应在 HACCP 文件中详细记录纠偏措施，包括偏差原因和产品处理程序。应定期审查纠偏措施，以确定纠偏趋势并确保纠偏措施的有效性。

（11）建立验证程序来确认 HACCP 体系运行的有效性（步骤 11 -原则 6）。

为确认饲料安全管理体系的有效性，应建立验证程序。验证程序应确认：

- 正在执行 HACCP 计划，并持续控制危害。
- 控制措施按预期有效地控制住了危害。

验证包括观察、内部审计和外部审计、校准、抽样和检测，以及评审记录，以确定 HACCP 是否按计划正确运行。

验证活动示例如下：

- 审查监测记录，确认关键控制点处于受控状态。
- 审查纠偏措施记录，包括具体偏差、产品配置和所有为确定偏差根本原因而开展的分析活动。
- 校准或检查监测或验证仪器的准确性。
- 观察是否正在根据 HACCP 计划实施控制措施。
- 审查 HACCP 体系，包括通过内部或第三方审计进行危害分析和HACCP 计划审查。

必须把检查结果记录下来，并及时通知食品安全小组。

实施 HACCP 计划前，应对其进行验证。验证的目的是确保在以下要素的共同作用下，能够控制饲料企业相关的重大危害：识别危害、关键控制点、关键限值、控制措施、关键控制点的监测频率和方式、纠偏措施、验证的频率和方式以及记录的信息类型。

（12）建立和编制适用于这些原则及其应用的所有程序和记录文件（步骤 12 -原则 7）。

应用 HACCP 体系，必须有效、准确地保存记录。文件和记录保存应合乎生产操作的性质及规模，并足以帮助企业验证 HACCP 体系控制措施是否到位并得到维护。HACCP 文件可包括专业的 HACCP 指导材料（如特定部门编制的 HACCP 指南），但前提是这些材料能够反映出企业饲料生产的具体步骤。

HACCP 文件示例如下：

- HACCP 小组的构成。
- 对计划中包括或排除的危害进行的危害分析及其科学依据。
- 关键控制点的确定。
- 关键限值的设定及其科学依据。
- 控制措施的验证。
- 对 HACCP 计划进行的修改。

记录示例如下：

- 关键控制点监测活动。
- 偏差和相关纠偏措施。
- 执行的验证程序。

一个简单的记录保存系统可以便捷、有效地向员工通报信息。它可用于现有的生产操作中，也可以利用现有的书面资料，如接收检查表、记录核查单、产品温度。

HACCP 小组应起草、批准和记录 HACCP 计划，包括每个已确定的关键控制点：

- 应控制的危害。
- 一系列综合控制措施或具体控制措施。
- 关键限值。
- 监测程序。
- 当超出原设定的关键控制点关键限值时，应采取的整改和纠偏措施。
- 职责和权限。
- 追踪记录。

3.5.3 对前提方案和 HACCP 计划相关的初始信息和文件的更新

HACCP 体系的建立是一个反复的过程，必须多次重复几个步骤，以确保体系的有效性和所编制文件的准确性。在完成危害分析、控制措施的选择和分类及其属性描述后，必须定期更新先前在初始步骤中收集的信息。这包括产品开发、产品特性、预期用途、流程图、工艺步骤和控制措施的相关信息。这些信息可能已经随着新的科学出版物、新的法规、制造工艺、程序等的更新而更新。

如有信息更新，可能需要修改 HACCP 计划和前提方案相关程序。

4 在养殖场生产和使用 饲料及饲料原料

本章为养殖场和水产养殖行业的饲料及饲料原料的种植、生产、管理和使用提供了指导。

应结合《国际食品法典——动物饲养良好规范》第四章和第五章的适用要求，使用本章内容。

为帮助确保供人类消费的食品的安全，用作产食性动物饲料或饲料原料的牧草、谷类和饲草作物的所有生产阶段，都应适用良好农业规范。对水产养殖也应适用同样的原则（若适用）。

在养殖场生产饲料和饲料原料的大部分环节，存在3种危害污染，即：

- 生物污染，如细菌、真菌、寄生虫和其他病原微生物。
- 化学污染，如药物、农药、化肥或其他农业物质的残留。
- 物理污染，如折断的针头、机械碎片和其他异物。

饲料的农业生产

在天然牧场、改良牧场和开垦牧场的生产过程中，以及在用作产食性动物饲料或饲料原料的草料和谷类粮食作物的生产过程中，应鼓励坚持遵守良好农业规范。遵守良好农业规范将最大限度地降低生物、化学和物理污染物进入食品链的风险。如果作物采收后，其根茎或残株用来放牧，或以其他方式进入食品链，也应将它们视为牲畜饲料。大多数牲畜会采食自己的一部分垫料。对于用作垫料的作物，如秸秆或木屑，也应按照与动物饲料原料相同的方式进行管理。应实施良好牧场管理规范，如分区轮流放牧和分散处理粪便，减少动物群体之间的交叉污染。

选址

动物饲料和饲料原料生产用地应远离工业生产区，这是因为邻近地区的空气、地下水或径流会受到工业污染，很可能会导致动物源性食品生产过程中发生食品安全风险。邻近地区的径流和灌溉水中的污染水平不得造成食品安全风险。

肥料

如果给作物和牧草施用粪肥，应采用适当的处理和储存方式，尽量减少环境污染，以免对动物源性食品的安全造成不利影响。

在施用粪肥后，应间隔足够的时间再放牧或收割牧草（制备青贮饲料和干草），以便使粪便分解，并尽量减少污染。

应适当使用和应用粪肥、堆肥和其他植物营养素，尽量减少对动物源性食品造成生物、化学和物理污染，避免对食品安全造成不利影响。

处理、储存和施用化肥时，不得对动物源性食品的安全造成不利影响。

农药和其他农用化学品

应从安全渠道采购农药和其他农用化学品。如果有监管制度，必须按照该监管制度的要求使用所有化学品。

应按照生产厂家的说明书存放农药，并按照良好农业规范（GAP）关于农药使用的要求使用农药。农民必须认真按照生产厂家的说明书使用所有农用化学品。

应以负责任的方式处理农药和其他农用化学品，不得污染任何水体、土壤、饲料或饲料原料，以免造成动物源性食品污染，对食品安全产生不利影响。

在养殖场生产饲料

饲料原料

养殖场饲料生产商应按照《国际食品法典——动物饲养良好规范》第4.1节规定的适用指南，采购养殖场外部的饲料原料。

养殖场内部生产的饲料原料应符合外购饲料原料的要求。例如，经过处理的用于种植的种子不得用来饲喂动物。

混合

养殖场饲料生产商应遵守《国际食品法典——动物饲养良好规范》第五章规定的适用指南。应特别注意《国际食品法典——动物饲养良好规范》第5.6节的内容。

特别是饲料混合过程中，应尽量减少饲料或饲料原料之间交叉污染的可能性，这种交叉污染可能会影响饲料或饲料原料的安全性或停药期。

监测记录

养殖场饲料生产商应适当记录饲料生产程序，以协助调查可能与饲料有关的中毒、污染或疫病事件。

除《国际食品法典——动物饲养良好规范》第4.3节中规定的其他适用

记录外，还应记录购进的饲料原料、收货日期和饲料生产批次。

动物饲养良好规范

动物饲养良好规范中规定的措施有助于确保在养殖场正确使用饲料和饲料原料，同时尽量减少动物源性食品对消费者造成的生物、化学和物理风险。

水

饮用水和水产养殖用水的质量应适于养殖动物。如果有证据证明水会污染动物，应采取措施评估危害并尽量减少危害。

牧场放牧

应对在牧场和农田中放牧进行管理，尽量减少生物危害、化学危害和物理危害对动物源性食品造成（可避免）的污染。

在适当的情况下，在牲畜采食牧草、农作物和农作物残茬之前，或每次轮流放牧前后，应留有足够的观察时间，以最大限度地减少粪便造成的生物学交叉污染。使用农用化品的，经营者应当确保遵守规定的停药期。

饲喂

重要的是，应按照饲料使用说明，将正确的饲料饲喂给正确的动物群体。在饲喂过程中应尽量减少污染。为确保有效管理食品安全风险，应该记录给动物饲喂了什么料、何时饲喂等信息。

应在规定的停药期（若有）开始之前，对采食过加药饲料的动物进行标识和管理，且必须保存这些工作记录。

应按照程序，确保将加药饲料运送到正确的地点，并饲喂给需要进行药物治疗的动物。如果下一步打算运送不同的加药饲料或非加药饲料或饲料原料，则运送和配送加药饲料的运输车辆和饲喂设备应在使用后进行清洁。

畜舍饲喂和分批/集约化饲喂单元

动物生产单元的所在区域不得生产对动物和食品安全构成风险的动物源性食品。应注意避免动物接触受污染的土地和可能有潜在毒源的设施。

卫生

应按照便于进行清洁的目的来设计动物生产单元。应定期彻底清洁动物生产单元和饲喂设备，以避免对食品安全造成潜在危害。应按照说明书使用化品，且所使用的化学品应适用于饲料生产设备的清洁和消毒。这些化学品应贴上合适的标签，并存放在远离饲料生产区、饲料储存区和饲喂区的地方。

为最大限度地减少对食品安全的潜在危害，应制订虫害防治制度，以防虫害侵入动物生产单元。在动物生产单元工作的操作人员和员工应遵守适当的卫生要求，最大限度地减少饲料对食品安全的潜在危害。

水产养殖

　　水产养殖涉及的品种广泛，如鳍鱼、软体动物、甲壳类动物、头足类动物等。水产养殖方式具有多样性，从公海大型网笼养殖到小型淡水池养殖，体现了水产养殖的复杂性。从幼苗到成体的各养殖阶段需要不同的饲料和不同的养殖方法，这更进一步体现了水产养殖的多样性。营养供给方式也多种多样，包括只饲喂水生植物和浮游生物，以及使用精密设备和科学配方配制的配合饲料。

　　为确保食品安全，应在养殖方法、养殖场所、养殖技术、所使用的材料和饲料方面采取必要的预防措施，以尽量减少污染，从而减少食品危害。

　　资料来源：《国际食品法典——动物饲养良好规范》（CXC 54—2004）。

4.1　饲料原料生产

　　良好农业规范适用于初级生产，包括饲料原料的初级生产和初级加工。随后，应根据良好生产规范使用饲料原料进行饲料生产和加工。

　　良好农业规范可最大限度地减少或降低初级加工和储存过程中的污染、植保化学品滥用和变质的风险。因此，应从遵守良好农业规范和良好生产规范的供应商处采购饲料和饲料原料。

4.1.1　选址

　　如果选择合适的生产区域且没有作物污染风险，饲料安全就能得到保证。了解生产区域之前遭受过的重大环境事件，如洪水，可进一步判断该区域是否适合耕作。灌溉时，应均匀地向所有植物供应充足的水。应使用质量达标的水（见第3章）。如果使用废水，应该知道化学物质的浓度和其他有关水质的信息。《世界卫生组织废水、排泄物、洗涤用水安全使用准则》（世界卫生组织，2006）中介绍了水质相关信息，并解释了废水安全使用的概念和规范，包括基于健康的目标和最低限度标准。准则中还介绍了确保农业废水微生物安全的方法（插文5、插文6）。

➡ 插文5　综合农牧林系统（ICFL）的使用

　　综合农牧林系统是一种农业生产战略，在同一地区整合不同的生产系统——农业、畜牧业和林业。通过该系统可以混合、轮流或连续栽培作物，因此系统各组成部分之间互相作用，从而使各项生产活动互惠互利。可以采用不同的方式来实施综合农牧林系统，在系统中可种植各类作物，养殖各类动物。综合农牧林系统适应地域特点、气候条件、当地市场，可供大中小生产商采用。这种形式的综合系统旨在优化土地利用，提高生产力水平，实现生产多样化，生产出优质产品（联合国粮食及农业组织，2010；EMBRAPA，2017）。

综合农牧林系统的使用，有助于：

- 由于有机物质的增加，改善土壤的物理特性、化学特性和生物特性。
- 降低动植物疫病的发生率以及抑制杂草生长。
- 通过各类动植物之间的互补性和协同作用，提高对自然资源的利用率。
- 减少关于防治虫害、疫病和杂草的农用化学品的使用。
- 改进水的蓄集以及提高水质。
- 促进生物多样性以及改善作物授粉媒介的病虫草害天敌的新生态环境和栖息地。
- 强化营养循环。
- 提高土壤的生物修复能力。
- 减少饲料和粮食损失。
- 提高粮食产量。

⊙ 插文 6　灌溉方法

用废水或其他水源灌溉的做法是相似的，这取决于当地条件，包括气候、土壤物理特征和化学特征、排水条件和待种植作物的耐盐性。良好的灌溉方法可能各不相同，但都是依据：

- 水量。
- 水质。
- 土壤特性（渗透性、排水性）。
- 作物选择。
- 灌溉技术。
- 淋洗。
- 管理措施。

资料来源：《废水、排泄物和洗涤用水安全使用准则》，世界卫生组织，2006。

应对生产区域进行风险评估，以确定其是否适合用于生产，如果风险发生变化，应对风险评估结果进行更新和审查，或至少定期进行。

如果生产区域风险评估结果表明，该生产区域在饲料安全、环境和动物健康方面适合用于生产，应考虑：

- 潜在的生物危害、化学危害和物理危害。
- 生产区域的历史情况。
- 养殖场经营类型。

进行生产区域风险评估时，应考虑的常见因素和危害包括（Global G. A. P.，2020）：

（1）法规，应核实是否符合当地法规。

（2）之前的土地用途。

- 之前种植的植物，对有些植物（如棉花种植）通常使用除草剂，这可能会对随后种植的其他植物产生长期影响。
- 之前的用途，工业或军事用途可能会通过残留、石油污染、垃圾储存等对土地造成污染。垃圾填埋场或采矿场的底层土壤中可能含有不可接受的垃圾，可能会污染植物或损害牲畜。畜牧业可能会形成微生物含量高的区域（如粪便堆积区）。

（3）土壤。

- 土壤结构，应适合预期用途和化学/微生物完整性。
- 侵蚀，水/风导致地表土流失的情况，可能影响作物产量或影响下游的土地和水。
- 对洪水的敏感性，应考虑洪水及其可能对土壤造成的污染。

（4）水。

- 供水，供水量至少应与目标作物的消耗量相符。
- 水质，应对水质进行风险评估，确定是否符合当地法规规定。应评估可能需要处理的上游污染（污水、动物养殖场）的可能性。
- 水的许可使用，可能需要申请水使用权或用水许可，并进行验证。

（5）其他影响。

- 对周围环境的影响，农业机械操作产生的灰尘和烟雾。上游含泥沙或含化学物质的径流对下游地区的污染。喷雾漂移造成的污染。
- 对养殖场的影响，应核实周围养殖场的作业类型，如周围工业设施或运输设施，包括交通繁忙路段，产生的烟雾、烟气和灰尘。应考虑植物、垃圾产品或粪便处理过程中吸引的昆虫，以及来自附近自然区域或保护区的害虫的袭击。

4.1.2　农药和其他农用化学品

应从信誉良好的供应商处购买农药和其他农用化学品，并贴上适当的标签，安全地存放在贴有清晰标签的密封容器中，置于清洁、干燥的地方，并与其他物料和饲料分开。应按照指定用途以及生产商和国家规定的数量和频次，使用除草剂、农药、化肥和其他农用化学品。应保存使用记录，包括所用化学品的名称和特性以及使用理由。

应严格遵守采收、储存、饲喂或放牧所需的停药期。

应避免使用或至少尽量减少使用抗生素来保护植物。如果使用抗生素，应严格遵守减少抗生素耐药性发展的具体使用说明（联合国粮食及农业组织和世界卫生组织，2011a）（插文7）。

⊙ 插文7　虫害综合防治

虫害综合防治（IPM）是指认真评估所有现有的虫害防治技术，并随后综合运用适当的控制措施，以最经济、合理的方式，使用农药和采取其他干预措施阻止虫害种群的发展，并减少或尽量减少对人类健康和环境的风险。

虫害综合防治的重点是在尽可能减少对农业生态系统破坏的情况下种植健康作物，并鼓励建立天然的虫害控制机制。

资料来源：《国际农药供销与使用行为准则》，联合国粮食及农业组织，2003。

应以负责任的方式处置农药和其他农用化学品，不得污染任何水体、土壤、饲料或饲料原料，以免造成动物源性食品药物残留，从而对食品安全造成不利影响。

应确保安全处置过期或残次的化学品和空容器。容器应进行3次清洗，残余水不得与饮用水和工作用水混合。容器应进行破碎或穿孔处理，以免重复使用，最后装进密封袋里，以合适的方式送到指定的专门收集中心处理。

4.1.3　肥料的使用

技术主管人员负责确定肥料类型和肥料用量，并提供关于有机肥或无机肥施用的建议。应正确施用肥料，以优化施用和储存条件，避免污染。

应保存关于所有施肥情况的记录，应详细记录作物所在的地理区域以及土地和果园名称和编号。应详细记录所有确切的施肥日期，以及商品名称、肥料种类和浓度。应详细记录所有的施肥方法或所用的施肥设备。应定期更新肥料库存（储存的化肥种类和数量）情况。所有这些信息将有助于在发生不合规或饲料突发状况时进行溯源。此外，还应展示所有操作步骤。

肥料应存放在有盖、清洁和干燥的地方，与其他产品分开存放，尽量减少污染风险。覆盖的区域应能够保护粉末、颗粒或液体肥料不受空气的影响，应能确保不会溢出和渗漏。肥料的储存，应尽量减少水源污染风险。肥料不得与采收的作物一起储存。应遵守安全数据表中的储存要求。

应从可靠的渠道购买无机肥料，以保证植物养分的含量，且不含重金属和氟等。

粪肥和其他天然肥料是潜在的生物危害来源。在适当的时间和温度条件下使用经过受控堆肥处理的粪肥或堆肥有助于减少生物污染。如果购买粪肥或堆肥，供应商应保证它们经过适当的处理。在之前处理粪肥的地区使用过的拖拉机、卡车、运输车和工具等设备可能会污染植物。因此，所有接触未经处理的粪肥的设备在进入生产区之前都应进行清洁（Global G. A. P.，2020）。

4.1.4 谷物采收前、采收中注意事项及储存前的干燥和清洁

谷物应该在水分含量低和完全成熟时采收。延迟采收已感染镰刀菌属真菌的谷物可能会增加其霉菌毒素含量。采收、干燥、清洗和储存所用的所有设备应处于良好的工作状态，尽量避免谷物残茬、谷物和灰尘的污染。在这关键时期，设备的损坏会促进霉菌毒素的产生，并降低谷物的质量。如有机械干燥设备，在谷物成熟的最后阶段，提前采收可能有助于抑制霉菌毒素的产生。重要的是，应使用合适的干燥技术，避免多环芳烃和二噁英等危害（联合国粮食及农业组织和世界卫生组织，2017）。

对于收集田间已采收的谷物并运往干燥设施以及干燥后运往储存设施所用的容器和运输工具（如货车、卡车），在每次使用之前，应保持清洁、干燥，无谷物残茬、陈旧谷物、谷粉、昆虫和肉眼可见的真菌。

采收作业期间，由于同一田地里的谷物水分含量可能相差很大，因此应选取每批采收谷物的几处地点测定水分含量。由于降雨或晨露或下午晚些时采收需要较长的干燥时间，因此应尽量避免此时采收含水量高的谷物。如果可能的话，当谷物采收前监测或调查显示某块田地镰刀菌感染率较高时，这块田地的谷物应该与那些感染率较低的田地的谷物分开进行采收和储存。

储存前的干燥和清洁处理过程中，尤为重要的是，应确保所采收谷物的水分含量足够低，以保证安全储存，即使是几天到几个月不等的相对较短时间。通常认为，15％的最高水分含量一般足以防止采收前产毒真菌和孢子真菌的生长，这些真菌通常会感染谷物，在谷物储存过程中产生霉菌毒素（联合国粮食及农业组织和世界卫生组织，2017）。

谷物中的真菌滋生与水分活度（Aw）密切相关。水分活度通常是指不与

滋生细菌、酵母和真菌的微小颗粒（如碾磨的谷物产品）相结合的水分。虽然不同谷物滋生真菌的适宜水分含量不同，但避免真菌滋生的最大水分含量基本相同。人们认识到，当水分活度值小于 0.70 时，真菌滋生受到抑制。应根据作物的品种、籽粒大小、品质、储存期和储存条件（如温度）确定适宜的含水量。表 4 - 1 列出了一些谷物在 25℃时与不同水分活度相关的水分含量值。

表 4 - 1　一些谷物在 25℃时与不同水分活度相关的水分含量值

水分活度	各种水分活度相关的水分含量（%）						
	稻谷	燕麦	黑麦	大麦	玉米	高粱	小麦
0.60	13.2	11.2	12.2	12.2	12.8	12.0	13.0
0.65	13.8	12.2	12.8	13.0	13.4	13.0	13.6
0.70	14.2	13.0	13.6	14.0	14.2	13.8	14.6
0.75	15.0	14.0	14.6	15.0	15.2	14.8	15.8

数据来源：联合国粮食及农业组织和世界卫生组织，2017。

4.1.5　谷物的储存、配送和运输

应将采收的谷物存放在清洁的地方，不得残留上一批采收的谷物。储存设施在使用前应进行清洗，并用杀虫剂处理，以防发生虫害。

袋装商品的包装袋应干净，堆放在托盘上，或者在包装袋和地面之间加一层防水层。

采收谷物的储存温度应最适合控制昆虫和霉菌的繁殖，而又不会损害储存产品的物理或生理完整性。为更有效地监测储存谷物的状况，若可能，建议在储存期间定期测量储存设施和储存谷物的温度及湿度。谷物温度升高 2～3℃可能表示有微生物或虫害。如果温度或湿度高得令人无法接受，若可能，可加快储存区的空气循环，使谷物通风，以保持合适和均匀的温度。

使用合适的经批准的防腐剂，如有机酸（丙酸），有助于储存谷物，因为这种有机酸可以有效地杀灭霉菌和真菌，并防止霉菌毒素的产生。如果使用有机酸，要注意的是添加量要足以防止真菌滋生，并根据标签说明使用（联合国粮食及农业组织和世界卫生组织，2017）。

运输容器应该保持干燥，没有可见的真菌斑、昆虫或任何其他污染物质。如有需要，运输容器应在使用和再使用前进行清洁和消毒，并按照预期目的装载适合的货物。可能还需要使用经许可的熏蒸剂或杀虫剂。卸货时，应清空运

输容器中的所有货物，并按照要求进行清洁。

应使用有盖或密封的容器运送谷物或加盖防水油布，以防止受潮。避免温度浮动以及其他可能导致谷物结块的做法，因为这样可能造成局部水分凝集，从而导致真菌生长和霉菌毒素的产生。

应使用防虫、防鼠的容器运输或使用经批准可用于作物的驱虫、驱鼠化学剂处理，避免运输过程中受到虫害、鸟类和啮齿动物的侵害。

运输谷物和其他饲料原料的机械设备以及卡车和拖车应清理干净。尤其是要注意清洁运输不同类型饲料原料和加药饲料的拖车，防止发生交叉污染。员工必须了解所有必要的清洁程序和应保存的记录。不得将散装饲料、饲料原料或预混料装入运输农药、杀虫剂、玻璃或金属碎片的设备中。

4.1.6　文件编制和记录保存

程序文件和养殖场管理规范相关文件能够确保生产商正确制订、实施和更新有效的饲料生产及管理体系。

通过记录程序中规定的管理规范，可以证明生产商符合法律、法规和客户要求。保持记录有助于确保产品和信息的溯源、遵守法律规定、外部检查/审计以及向主管部门提供数据。

4.1.7　人员健康、安全和培训

应保障员工的健康、安全和卫生，确保养殖场饲料和饲料原料的安全生产。员工培训和教育可以保证员工具备履行职责的能力，并熟知可能影响饲料安全的风险和条件。

应定期进行培训，帮助员工了解生产规范、产品和设备的处理以及安全措施。植保产品、杀菌剂和其他可能有害的化学品必须由经过适当培训的员工操作。

员工卫生指导是工作人员培训计划的一部分，可以口头培训，或通过标识和图片来培训，以确保：

- 双手必须干净。
- 皮肤伤口应包扎好。
- 只能在规定的区域内吸烟、进食和饮酒。
- 应报告患病和感染情况。
- 必要时应穿防护服。

所有进入生产现场的人员都应遵守员工安全和卫生程序。

标示板应清楚标明化学品和加工后的作物的储备情况。此外，标示板应标明须避免把防护服和设备与化学品一起存放，并列出将防护服和设备与个人衣物分开存放的重要性。

应设有供员工存放食物和用餐的区域。厕所、洗涤设施和饮用水应随时可用。员工所用设施应得到良好的维护，并保持整洁。

4.1.8　生产计划

通过实施生产计划，能够控制饲料的购买、储存、生产和配送，有助于避免使用未经许可的饲料原料和饲料，包括储存不当、受到污染或过期的饲料或饲料原料。养殖场饲料生产计划中应考虑所有生产步骤和生产单元（图 4-1）。

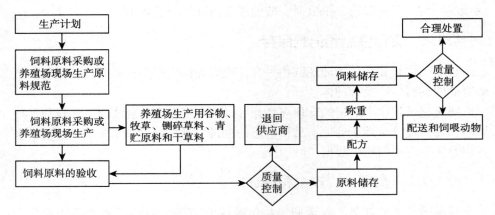

图 4-1　养殖场现场饲料生产步骤和生产单元
资料来源：根据 Avitech 动物保健有限公司资料改编。

4.1.9　饲料原料的规格/采购

安全的饲料只能源自安全的饲料原料，而安全的饲料原料必须来自安全的渠道。饲料原料监测应包括基于风险的污染物检查、抽样和分析。饲料原料应符合与可接受的、可影响人类健康的生物、化学和物理危害有关的法定标准，若适用。

4.1.10　养殖场饲料原料和饲料生产

养殖场现场生产的饲料应符合外购饲料要求。更具体地说，饲料和饲料原料应：

- 符合卫生要求。
- 远离污染物、霉菌、昆虫、鸟类和其他害虫、灰尘、石子和其他碎片杂物。

- 按正确的比例混合/添加。
- 来自已知的且信誉良好/可靠的渠道。
- 单独储存，并明确标识。

此外，还包括：

- 混合设备应保持清洁、运转良好；还应确保饲料原料的均匀混合。
- 操作工应确保均匀混合饲料原料。
- 应保留饲料和饲料原料样品。
- 应记录所有混合操作步骤。

添加原料时：

- 如果混合机已装满，应稍后再添加少量的原料。
- 控制原料的添加量。
- 定期校准磅秤。
- 记录重量。
- 记录原料添加顺序。
- 检查最终重量是否与原料总重一致。

4.1.11　饲料原料的验收

对于采购的加工产品，应验证已经交付的产品是否符合订单规格，并检查运输条件（防水油布完整、包装清洁完好、车内没有污染物）。应在卸货前进行外观检查，如果出现不符合项，应在卸货前确定货物处置方式。接收检验还应包括标签核实、保质级别、批号、有效期和生产商的说明书。记录收货日期、批号、数量和生产日期。应优先考虑采购符合良好农业规范的养殖场生产的产品。记录饲料原料的采购日期和产地（放心食品标准化技术咨询委员会，2010）。

4.1.12　饲料原料的储存

干的、湿的或液体原料，需要采用不同的储存方式。储存设施应保持清洁、经过消毒并远离污染源。应以一种易于识别的方式储存这些原料，以防因误用而导致污染。应按照先进先出（FIFO）或临期先出（FEFO）的原则使用原料。应一直采取必要措施，防止蠕虫、鸟类、宠物和野生动物污染饲料原料（放心食品标准化技术咨询委员会，2010）。

干燥的原料应该存放在干燥、阴凉、密封、通风良好的地方，避免阳光照射。应控制粮仓中的湿度和温度、进出仓日期，并记录杀虫剂和杀菌剂的使用情况，尤为重要的是，必须根据生产商的说明书检查停药期。

4.1.13 混合和粒度

这一操作过程可以很简单，只需将两种不同单独的饲料原料混合在一起，或者使用专用设备（如给料车）生产混合饲料。饲喂少量动物时，使用草铲简单混合饲料即可（Parr，1988）。需要注意的是，必须适当磨碎饲料原料，比例不超过 10%，层层叠放，混合在一起。使用草铲彻底混合，并将饲料原料至少混合 3 次，就能生产适用的混合饲料（Parr，1988）。混合物的质量是一个主要因素，取决于可用设备的类型。养殖场通常使用现成的微量矿物质、维生素和添加剂混合物，这是因为很难购买这么多原料，并使其均匀混合，且大多数此类原料的使用浓度都很低。此类混合饲料必须均匀混合，在进料仓前，必须控制混合饲料的均质性，混合不充分会导致某些原料的浓度不当，可能会对动物和人类健康造成危害（如硒）。

影响混合饲料质量的因素包括（Axe，1995）：

- 粒度。
- 颗粒形状。
- 密度。
- 静电电荷。
- 吸湿性。
- 流动性。
- 混合机负荷不足（不到体积的 2/3）。
- 混合机过载。
- 混合时间（根据混合机类型而定，按照生产商的说明书进行操作）。
- 磨损的搅拌螺带、桨叶或螺丝。
- 糖蜜或动物脂肪堆积（若有）。
- 搅拌螺带与混合机筒壁的间隙不当。

同样重要的是，应确保工作人员具备操作称重磅秤的适当技能，并了解饲料混合操作的风险和复杂性。

由于原料颗粒的大小不同，混合好的饲料会出现分级现象，可以通过筛选或加工相似颗粒大小的原料，或避免颗粒尺寸变化，来降低混合多种原料的难度（Axe，1995）。

重要的是，应在饲料中均匀混合饲料添加剂和兽药，以避免兽药和饲料添加剂可能在食品中的残留量超过最大残留限量。如果添加兽药和饲料添加剂，必须避免在饲料生产和配送相关的所有过程中残留（联合国粮食及农业组织和世界卫生组织，2019e）。

4.1.14 质量控制

一般来说，饲料质量控制计划的目的是检查饲料原料和成品饲料的规格。质量控制计划应规定使用适当的抽样和分析方法定期对饲料和饲料原料进行实验室分析（见关于抽样和分析的章节）。

应该指派一名有能力的员工负责生产和质量控制。应列出并记录指派的任务。如果没有明确责任人，则由养殖场主本人负责。

责任人应编制书面的质量控制计划，并实施，在必要时进行审查。

4.1.15 标识

标识上应包括饲料描述和饲料使用说明。没有标识的饲料可能会被误用于饲喂其他非适用动物，可能已经过期，或不符合加药饲料停药期或每天采食量的规定（表4-2）。

表4-2 饲料标识表示例

日期/地点	
产品类型	
产品用途	
原料	
原产地	
批号	
保质期	
配方变更记录与变更日期	

4.1.16 储存

饲料和饲料原料，特别是有加药饲料时，应明确标识并分开存放，以保持其特性，防止交叉污染。如果饲料原料需要进行分析来确保饲料安全，应在批准使用之前，进行适当的标识，并分开存放。

饲料和饲料原料的储存方式应避免微生物生长、虫害和维生素的氧化，并确保兽药和其他添加剂保持适当的活性。应注意的是兽药和饲料添加剂均有保质期。

储存区应保持清洁、干燥，并保持合适的温度和湿度，以最大限度地减少微生物的生长。在适当的情况下，应实施病原体控制措施。应实施有效的虫害防治制度。应尽量控制野生动物和其他动物进入储存区。

建筑物以及料仓和液罐等储存容器应保持良好的通风，并进行监测，以尽量减少饲料和饲料原料的污染或变质。

4.1.17 监测记录

养殖场饲料生产商应保存适当的饲料生产程序记录，以协助调查饲料相关污染或疫病事件。

应记录外购的饲料原料、收货日期和生产批次。应定期盘点饲料原料，以确保将正确数量的正确饲料原料饲喂给正确的动物。对于某些生产系统，可能更适合实施通用饲喂计划。

还应记录主配方、混合说明以及饲料的混合日期和使用日期。添加兽药或饲料添加剂的，应记录添加程序，以防止污染其他饲料。应遵守加药饲料生产相关的国家法规。

记录保存是溯源的一个重要因素。将下列信息记录保存在易看见的地方，并按照要求随时提供。应记录所有饲料原料供应商的名称和地址。送货发票或饲料标签上包含了大部分信息。

下面列举的是应记录的信息：

- 饲料和饲料原料的具体储存地点。
- 养殖场现场生产的所有混合饲料的详细配方，以及每种配方的开始使用日期和终止日期。
- 已生产的饲料的详细情况和生产时间。通常可使用"谷仓单"或"日记簿"记录这些信息。
- 批次编号，若有。
- 说明所用的补充矿物质、维生素，用量，添加到哪类饲料以及使用日期，若适用。
- 饲喂日期以及饲喂给哪些动物。
- 农药和生物杀虫剂的使用情况，包括产品名称、采购日期、使用日期以及适用于何种设备/设施的哪些部件表面。
- 在饲料用植物（包括草料和饲料作物）生长期间或储存期间使用的植保产品（除草剂、杀菌剂和杀虫剂）。
- 任何可能影响初级产品安全的虫害或疫病。
- 对初级产品样品的分析结果，或对饲料安全具有重要意义的其他诊断样品的分析结果。
- 建议保留任何能够证明已经消除了特定危害的补充文件。这可能包括承包商提供的已实施虫害防治制度的证明文件，或已完成建筑工程的证明文件，或已经购买物料来维持饲料供应的证明文件。

4.1.18 人员培训

所有员工都应认识到他们在维护饲料安全方面的角色和责任。员工应具备必要的知识和技能。应指导操作人员正确使用清洁用的化学品或其他潜在危险化学品，以防止污染饲料。应记录所有培训活动。

管理人员和监督人员应具备必要的饲料卫生原则和规范相关知识，能够判断潜在的风险并采取必要的行动。

在确定培训范围时，应考虑的因素包括饲料相关危害的性质以及饲料的生产、加工、搬运和包装方式，包括污染的可能性。还应根据具体情况考虑读写能力、教育、语言、文化和性别等有关问题。

根据个人的职责，在培训计划中应包括以下主题：

- 适用于饲料企业的饲料安全原则。
- 与饲料企业相关的污染预防措施。
- 良好个人卫生的重要性，包括适当洗手和在必要时穿上适当的衣服以确保饲料安全。
- 适用于饲料企业的良好卫生规范。
- 发现饲料安全问题时应采取的适当措施。

4.2 饲料的使用

4.2.1 饲料配送和饲喂

养殖场饲料配送系统应确保向正确的动物种类和群体供应正确的饲料。在配送和饲喂期间，应对饲料进行处理，以避免储存区和设备造成的污染。非加药饲料应与加药饲料分开处理，以防交叉污染。

避免饲喂槽饲料外溢，根据动物的生理需求调整喂食量，每次投料之前应清除槽中所有未食用的饲料。定期清洗饲喂槽和自动喂料机。

应保护供水，以防意外污染，包括病原体和化学污染物，如溶剂和硝酸盐污染。

配送记录：

- 登记饲料标签信息（见4.1.15）。
- 交货日期。
- 交货数量。
- 根据采食量和产品类型确定的配送频率。
- 配送计划。
- 采食控制。

喂料机记录：

- 状态检查结果。
- 制订定期清洁和维护计划。
- 供应数量和每批动物的数量。
- 型号和尺寸是否适合饲喂动物的品种和类别。

为确保饲料安全，还应：

- 定期清洗所有饲料槽和料斗，以最大限度地减少残余饲料污染的风险。
- 维护并定期校准所有配料设备。
- 确保饲料槽保持足够的间距，确保动物能够采食足够的饲料。

4.2.2　加药饲料

如果使用加药饲料，兽药残留可能会从饲料转移到动物组织和动物源性食品中。应遵守正确的停药期，并做好记录。如果接下来要运输不同的加药饲料或非加药饲料，则用于运送和配送加药饲料的饲料运输车及加料设备应在使用后进行清洁。

在停药期满前，应对采食加药饲料的动物进行标识。

4.2.3　牧草、青贮饲料、干草料、青绿饲料

牧草、青贮饲料、干草料、青绿饲料有可能感染或污染动物，可能对饲料安全和食品安全构成风险。饲料可能受到生物危害、化学危害和物理危害的污染（见第 1 章）。已有证据证明，布鲁氏菌会造成生物污染，绦虫纲幼虫囊尾蚴会造成寄生虫危害。控制牛群中的布鲁氏菌是控制牧草细菌污染的重中之重。囊尾蚴也能污染牧草，可能会存在于食品中。防止牧场和牧草出现囊尾蚴感染的主要方法是防治人类群体中的带绦虫。在牧场和牧草中可能会发现重金属等化学危害，以及金属、玻璃颗粒或放射性核素等物理危害。植物毒素可随乳汁排出体外（Lope 等，2019）。然而，重要的是要了解受污染的牧场和牧草是否相互关联，以及是否在自然条件下造成了食品污染。目前，人们掌握的关于牧场和牧草中某些污染物的相关性以及污染物在食品中的相应含量的信息甚少（表 4 - 3）。

表 4 - 3　青贮饲料储存时间的影响因素

氧气	氧气水平高于 5% 有助于需氧细菌的生长。氧气渗透是由压实不良或密封不严引起的
二氧化碳	空气中二氧化碳含量超过 20% 会抑制需氧细菌的生长
密闭不严	储存期间生长真菌和需氧细菌，会缩短储存时间

（续）

发酵不完全或不充分	高浓度的有机酸会降低青贮饲料的 pH，抑制需氧菌的生长。可溶性糖类残留为病原体提供了营养源
草料干物质	干物质含量高的青贮饲料储存期短。它们很难压实，且酸含量较低
青贮饲料的开窖管理	每天取出青贮饲料时，应考虑氧气暴露造成的损失。因此，料仓的大小应与每天采食量相符。青贮饲料开窖后，应充分压实，避免氧气进入

资料来源：Jones 等，2004。

4.2.3.1　牧草

牧草污染与环境污染密切相关。不同地区的风险水平各不相同。与传统养殖相比，瑞士粗放式养殖的牛类二噁英多氯联苯含量更高（Zenegg，2018）。放牧饲养的动物摄入二噁英和多氯联苯，会导致体内的污染物含量升高，尤其是奶牛和犊牛。经检测，紫花苜蓿干草浓缩物中的硫丹残留超出最大农药残留（MRL）标准，紫花苜蓿干草中的硫丹残留低于最大农药残留标准。小麦秸秆、灌木和牧草以及奶样品中均未检出农药残留。另一项实验表明，动物无法避开受污染的牧场。用来牧羊的军事训练区存在各种未引爆的炸药碎片，其中包括 2-甲基-1，3，5-三硝基苯（TNT），因此无法区分受污染的牧场和清洁的牧场。目前，还没有调查过放牧用的污染区与奶类或肉类中污染物含量之间的相关性（Steinhein 等，2011）。

将粪肥施撒到牧场上，将会把病原体传播给牲畜。施用新鲜的、未发酵的粪浆是主要的风险因素。在放牧动物之前，可以通过粪肥发酵，低施肥率以及保持尽可能长的休牧期来降低风险。

应考虑关于牧场管理的以下几点要求（放心食品标准化技术咨询委员会，2010）：

- 管理放牧，最大限度地减少物理危害、生物危害或化学危害可能造成的污染（例如，确保该区域没有微生物污染、化学污染以及有毒植物）。
- 遵守牧区施用农用化学品的停药期规定。
- 用养殖场外部的有机材料生产的堆肥可能是有益的，但应根据国家规定，按照堆肥的来源、曾经的处理方式、适用的土地类型来使用。
- 慎重考虑放牧采食或避免采食工厂或其他工业设施附近生长的植物，这些工厂或工业设施的有害排放物可能会增加某些环境污染物的含量。
- 防止牲畜进入农用机械储备区，避免采食因电池泄漏、油漆剥落等污染的草。
- 如果在非自有土地上放牧牲畜，应获取关于土地之前用途的证明，并确保该土地适合放牧。

4.2.3.2 青贮饲料

在青贮饲料的生产过程中，以及在给动物分发青贮饲料、干草料和青绿饲料的过程中，应注意防止出现石头、金属物体、木材、沙子等物理污染物。尤为重要的是，在生产青贮饲料、干草料和青绿饲料过程中，应预防并控制田间出现有毒植物及其籽实，同时监测硝酸盐的存在情况及其含量（Heinrichs 和Roth，2001）。

在生产、加工和分发饲料的过程中，应始终将场地和设备的清洁作为控制污染物的基本条件。

制作和管理良好的青贮饲料不会给人类或动物带来健康风险（Driehus等，2018）。一方面，青贮过程可以减少饲料中的毒素含量，如吡咯里西啶生物碱（见第 1 章）。另一方面，青贮饲料也会受到肉毒梭菌、蜡状芽孢杆菌、单核细胞增生李斯特菌、产志贺毒素大肠杆菌、牛分枝杆菌和多种霉菌等微生物的污染。

青贮饲料可以用玉米、高粱、甘蔗、草等不同的草料和其他植物产品制成，应根据良好农业规范来生产青贮饲料。选择合适的采收时机有助于获得水分充足和成熟度高的草料。用水平料仓制作青贮饲料的原料的干物质含量为65%～70%，用塔式料仓制作青贮饲料的原料的干物质含量为 63%～68%，制作袋装青贮饲料的原料的干物质含量为 65%。可以使用简单的微波技术，来确定养殖场牧草干物质含量以及决定采收时间。青贮饲料中水分过多会排出液体，污染当地的供水。非常干燥的青贮饲料难以压实，导致外观出现霉菌，并造成材料损失。

青贮饲料中使用控制真菌的添加剂，可以降低青贮过程中产生霉菌毒素的风险。青贮饲料添加剂也可用来改善发酵和控制某些偶尔侵袭青贮饲料的食源性病原体（Queiroz 等，2018）。

颗粒小一些有助于进行适当压实，以减少氧气并获得充分的厌氧发酵，颗粒大小应在 2 厘米左右（Heinrichs 和 Roth，2001；Romero 和 Castillo，2013）。

应控制动物采食青贮饲料的量，以避免青贮饲料在动物采食前的浪费和变质。应丢弃未食用完的青贮饲料。

通常通过颜色和气味就能辨别劣质青贮饲料，但对 pH、干物质含量和酸性发酵情况进行评估，可能有助于确定发酵程度是否适当。

4.2.3.3 干草料

应按照良好农业规范规定的原则进行干草生产。牧草应具有良好的茎叶比（叶多于茎），茎细，角质层薄。一般来说，草比豆科植物干得快。气候条件直接影响牧草的干燥程度。理想的干燥条件是高温和太阳照射，温和的风和较低的湿度。这些条件对于防止霉菌和防止发酵非常重要。适时采收会直接影响干草的营养价值。在干草捆扎时，合适的水分应为10%～20%，即干物质介于80%～90%（Romero等，2015）。

有毒植物及其籽实会污染田间的干草。由于在种植过程中或在高水分条件下采收牧草，牧草会受到真菌毒素污染，因此干草中可能存在真菌毒素。

4.2.3.4　青绿饲料

青绿饲料的生产也应遵守良好农业规范规定的原则。应尽可能缩短从草料采收到向动物供应青绿饲料的时间，以防青绿饲料发生不良发酵。通常会使用不同的青绿饲料，如狼尾草、银合欢、山高粱和木豆。牧草在种植或生长期间可能会受到农用化学品的污染。例如，如果一种牧草是为了一种目的而种植的，但后来却被用于另一种目的，如用于乙醇或制糖工业的甘蔗，当用于生产青绿饲料时，可能不会遵守停药期的规定，青绿饲料中的农药含量就可能超过监管限值。

5 抽样与分析方法

> **抽样**
>
> 应根据科学公认的原则和流程来制订抽样方案。
>
> **分析**
>
> 应采用科学公认的原则和流程来开发和验证实验室分析方法。选择分析方法时，还应考虑到实用性，优先选择可靠的、适合日常使用的方法。对饲料和饲料原料进行常规分析的实验室，应确保其对所用的每种分析方法都具备分析能力，并保存相关文件记录。
>
> 资料来源：《国际食品法典——动物饲养良好规范》（CXC 54—2004）。

5.1 抽样

抽样计划应包括抽样目的、分析类型、分析方法和实验室精准度、样品量、检验成本以及饲料和饲料原料的特性、变化性和价值。

应根据科学公认的原则和流程来制订抽样方案。使用公认的国际抽样方法可以确保标准化的行政管理和技术方法，并便于解释饲料各批次或交付饲料相关的分析结果。

5.1.1 目的和条件

制订抽样方案时，应明确抽样目的，正确的抽样可以减少总体分析误差，并能针对关键目标做出适当的决策。

应考虑到的目标如下所示：

- 接收货物。
- 批量检测货物。
- 保存有效期内的饲料样品。

- 控制饲料原料。
- 控制饲料加工。
- 控制饲料。
- 退回不合格的饲料和饲料原料。
- 留样。
- 法律纠纷。
- 实验室间试验。
- 验证分析方法。
- 验证清洁效果。
- 确认混合物的均质性。
- 验证控制措施的有效性。

应在规定区域内进行抽样，以避免抽样中出现困难，降低污染和交叉污染的风险，同时能够正确进行实验室分析，并对采样器和环境采取必要的安全和卫生预防措施。

负责抽样工作的人员应进行相关程序的培训，并了解抽样产品、抽样过程中使用的工具、环境的适合性和清洁程度，以及样品储存器的必要知识，以防样品受到污染或变质。

当待抽样饲料批次中均匀分布着待测定的污染物，且物料均匀时，抽样就比较简单。必须考虑到一些污染物在待抽样饲料批次中的不均匀分布的情况，如霉菌毒素、黑麦麦角菌和猪屎豆根瘤菌。为选择合适的抽样方案，必须了解散装饲料中污染物的分布情况。研磨、粉碎和均质等步骤有助于污染物的异质分布以及减小抽样误差，也可使用一些理论和技术来解决与地质统计学、空间相关性和重新抽样技术相关的物料异质问题。对于同质分布的污染物（例如，二噁英），必须在整个抽样环节每隔一段时间按大致相等的样品量随机进行增量抽样（Fink‑Gremmels，2012）。对于非同质分布的污染物（例如，霉菌毒素、微生物），应使用专门的抽样方法。

在抽样检测是否存在霉菌毒素、有毒金属、二噁英和类二噁英多氯联苯等污染物时，应遵守特定的国际标准或国家标准。

5.1.2 工艺和设备

进行抽样时，需要准备合适下列工作的工具和材料，以便：
- 打开袋子、包装、料桶、料筒、容器、货车。
- 重新密封容器。
- 贴上"样品已移走"的标签。
- 储存、保留和保存样品。

• 对储存容器和保存容器贴上标签。

• 满足使用化学和微生物分析方法抽样注意事项。

所有工具和辅助材料均应为惰性材料，在使用前和使用后都应保持清洁。同样，应在抽样前清洗取样容器。

饲料行业使用多种工具来采集样品。对于散装运输卡车和铁路运输的谷物或豆粕，经常使用手持采样探子进行抽样。如果要采集谷物不同部位的样品，可以在散装容器中分层进行多重抽样。

槽式谷物采样探子（图5-1）可用于从谷物、豆粕或饲料中采集具有代表性的样品。谷物采样探子应足够长，至少应能插到饲料的深处。谷物样品是用直径4.13厘米的采样探子采集的，采样探子由两根管子组成，其中一根管子套在另一根管子内。内管被间隔成若干段，这样每段采集不同深度的样品，从而检查料仓内不同深度的谷物质量的均匀性。在将谷物装入料仓之前，必须将采样探子内容物倒在防水油布上或槽型容器中进行检查，所以这一过程的劳动强度更大。

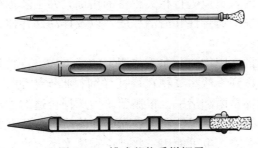

图 5-1　槽式谷物采样探子

资料来源：Herrmann T，2001。

手持开口式谷物采样探子的内管无隔断，可用于采集谷物等饲料原料样品。采样探子中的内容物会从手柄排出，并使各样品混合在一起，因此很难目测不同深度样品之间的差异。手持开口螺旋式采样探子内管槽盖的设计是旋转打开的，通过旋转先打开内管槽的底部，依次旋开至顶部。这样就确保了在材料的整个剖面上采集大部分样品。然而，如果不能正确使用这种采样探子，内管向相反方向旋转，就可能会产生相反的效果，导致从顶部采集的样品量不成比例。采样探子应与垂直面成10°角插入谷物或饲料原料中，槽面朝上并完全封闭，使用此方法采集材料横截面的样品时，应将采样探子的末端放置在尽可能靠近载体底部的位置。在采样探子完全插入之前，管槽必须始终处于闭合状态。如果采样探子的管槽在进入谷粒时是打开状态，那么管槽在顶部时就会被饲料填满。采样探子完全插入后，打开槽口，迅速上下提插几次。然后，完全关闭槽口，握住采样探子外管，从谷物中抽出。

鹈鹕式谷物采样探子（图 5-2）可用于采集生产线上的谷物样品。采样探子是一个皮革袋，大约 0.46 米长，沿边缘有铁镶边使袋子处于打开的状态。袋子系在一根长杆上。鹈鹕式谷物采样探子是在向下流动的谷粒中摆动或拉动袋子取样的。鹈鹕式谷物采样探子也适用于卡车卸货时对谷物、豆粕或全价饲料的抽样。

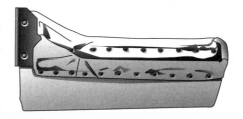

图 5-2 鹈鹕式谷物采样探子
资料来源：Herrmann T, 2001。

袋装运输的基础混合料、预混料和加药饲料，应使用袋料采样钻抽样（图 5-3）。锥形料袋采样钻用于采集封口袋装的粉状饲料和颗粒饲料样品。双管料袋采样钻通常由不锈钢制成，长度和直径不一，有末端封闭和开口两种形式，可用于采集封口袋和未封口袋中的粉状饲料和颗粒饲料样品。单管末端开口式料袋采样钻由不锈钢管制成，在需要去除核心物料时，可用于采集未封口袋中的干粉状饲料样品。

为验证混合机和混合程序的性能，可出于多种目的进行抽样。在这些情况下，除了简单的抽样工具外，还可以使用其他替代方法（图 5-4）。

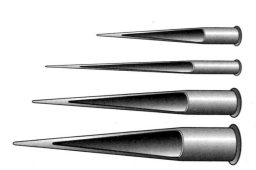

图 5-3 袋料采样钻
资料来源：Herrmann T, 2001a。

图 5-4 混合机卸料口旁边的采样口，
用于测量混合机性能

脂肪、糖蜜等桶装或圆筒装的其他液体原料可使用玻璃管或不锈钢管抽样。散装运输的液体原料可能需要使用取样泵。在各种情形下，都应在抽样前搅拌液体原料，以确保原料均匀分布。

草料样品中应含有大量的牧草物料。抽样程序和样品制备因原料不同（干草料、青贮饲料、牧草、铡切鲜草料或田间牧草）而有所不同。应使用钻取式采样器从 20 个不同位置采集样品。如果没有此工具，可手动采样。手动采样时，应注意避免叶片脱落。采集青贮饲料样品时，应在青贮窖开口面取出 0.15 米深、0.30 米宽的柱状青贮饲料。青贮饲料应混合，装入塑料袋，严实包装并密封，以隔绝空气（Herrmann，2001a）。

牧草和田间饲料作物易受土壤肥力和水分含量变化的影响，因此应谨慎抽样。应选择 8～10 个取样点进行取样，在每个取样点，按采食高度，取约 0.1 米^2 的牧草。将各取样点采集的样品混合均匀，从中取 1 千克测定样品。待测青草样品应立即干燥，以防发生化学变化。

水样可以直接从池塘、湖泊、水槽或其他水源采集，采集后放入干净的样品容器中。取样方法是将容器浸入水中，将其瓶颈向下浸入水面以下 0.30 米处，然后提起瓶嘴使水样装满容器。加长泵输送水的样品，应在水泵工作 2～4 分钟后采集，以确保所取水样不是管中滞留的水。当水样需要进行细菌检测时，所取水样要装入灭菌容器中。

散装饲料可在其装入运输车辆时进行取样。对于在运输过程中混合的牛饲料，可从饲料槽中取样。

任何非均质物料的特征，包括晶体、颗粒状或粉状固体物质中颗粒的形状、大小或颜色不同，吸湿物质上的受潮结皮，液体产品中固体沉淀或分层，都应在抽样过程中检测出来。非均质物料应单独进行抽样，且不得混合，因为这可能会掩盖安全问题。

5.1.3 样品缩分

从量大的物料中采集的样品，这通常更具代表性。大多数分析只需要少量的样品。因此，量大的样品应该分成若干部分，以获得分析方法所需的样品量。

样品缩分是指通过四分法使样品缩减到一个便于分析的量。混合而成的样品应摊在干净的塑料布或纸上，形成均匀的一层，在纸上分成 4 等份，取对角的 2 份混合（图 5-5）。不断重复该步骤直至对角的 2 份达到所需的样品量为止。

全价饲料和饲料原料可以用分样器分成均匀的次级样品（图 5-6）。分样时将样品倒入漏斗，漏斗由两组斜槽分成相等的部分，这两组斜槽按相反方向交替将饲料排出至 2 个独立的盘子中。

对于干的饲料原料或成品饲料来说，厚塑料袋、拉链式封口袋、塑料包或塑料盒都是理想的样品容器。根据储存条件或预期实验室分析的要求，样品容器应能保护样品避光、密封、防潮。

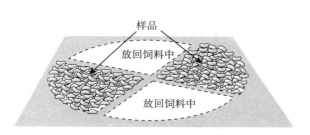

图 5-5　手工四分法
资料来源：Herrmann T，2001a。

图 5-6　分样器
资料来源：Herrmann T，2001a。

5.1.4　样品储存室

在许多国家，成品饲料样品应存档至保质期。通常情况下，每家工厂将保质期印在产品袋上，将样品保存在各自储存室中（图 5-7）。样品储存室的温度、湿度和光照等条件应与产品标签上注明的储存条件相似。

图 5-7　饲料厂样品储存室

5.1.5　抽样频率和留样

除极少例外情况外，所有来料应在到货时进行抽样，同时检查核实其种类、表观纯度，并与参考样品和标准规格进行比较。抽样程序包括检查承运人的书面文件，以确保其所运送的原料准确无误，同时检查原料接收证明文件，其中可能包括分析证书。在接收散装原料时，应检查装运单据，确定工厂和供应商的身份证明以及货物运送人员的姓名。记录饲料原料接收情况的接收报告为抽样计划提供了相关参考数据。接收报告应包括报告日期、饲料原料名称和批次、供应商名称、承运人名称、提货单、采购订单、发票编号、收货时间、重量、原料出厂时所在的料仓编号、供应商分析证书编号、收货时验证的感官特征和物理特性以及验收人员的签字。

商业饲料厂应采集并保留每种产品每一生产批次的全价饲料样品。对于加药饲料，应：

- 由于必须严格控制药物的添加，应根据法规要求进行抽样和评估。
- 根据兽医处方确定药物的浓度（有时非常小），确保溯源和所用数量的物料平衡。

样品应一直保留到动物采食完所有饲料，或出于责任而保留样品。

5.1.6 饲料和饲料原料的抽样方案

检测饲料是否符合标准或目标时，应使用国际抽样方法，以确保抽样程序正确有效。《国际食品法典——抽样通用准则》（联合国粮食及农业组织和世界卫生组织，2004）中描述了相关信息和准则，可帮助制订具体抽样程序来进行合规评估。

有许多抽样方案可供选择，但没有哪种方案能保证每一批中的每一项都能与所研究的参数相符。尽管如此，这些抽样方案有助于保证达到各方商定的具体控制措施的可接受质量水平。

抽样程序应规定对每一批次进行检查和分类的条件。这些条件包括检验程序（正常检验、严格检验或从宽检验），转换程序（正常到严格、严格到正常以及正常到从宽），检验等级（Ⅰ、Ⅱ和Ⅲ、S-1、S-2、S-3、S-4）、可接受质量水平，从每一批次中随机抽取的构成样品的项目数、接收数量和拒收数量（插文8）。

国际标准化组织（ISO）提供了以下抽样相关标准：

- ISO 2854：1976：数据的统计解释——均值和方差的估计与检测方法（国际标准化组织，2006a）。
- ISO 2859-1：1999：计数检查抽样程序——第1部分：以批次检验接受质量限值（AQL）为指标的抽样方案（国际标准化组织，1999）。
- ISO 2859-2：2020：计数检查抽样程序——第2部分：以极限质量（LQ）为指标的隔离批次检验抽样计划（国际标准化组织2859-2：2020）。
- ISO 2859-3：2005：计数检查抽样程序——第3部分：跳批抽样程序（国际标准化组织，2019b）。
- ISO 2859-4：2002：计数检查抽样程序——第4部分：正式公布的质量水平评定程序（国际标准化组织，2008）。
- ISO 2859-5：05：计数检查抽样程序——第5部分：以接受质量限值（AQL）为指标的逐批序贯抽样检验系统（国际标准化组织，2019c）。
- ISO 28590：2017：计数检查抽样程序——第10部分：按属性检查采样

的 ISO 2859 系列标准介绍（国际标准化组织，2017b）。

- ISO 3494：1976：数据的统计学分析——均值和方差相关检验能力（国际标准化组织，2015）。
- ISO 3951－1：2013：变量检查抽样程序——第 1 部分：以接受质量限值（AQL）为指标的单一质量特性和单一接受质量限值的逐批检验的单一抽样计划规范（国际标准化组织，2013）。
- ISO 3951－2：2013：变量检查抽样程序——第 2 部分：以接受质量限值（AQL）为指标的单一质量特性逐批检验的单一抽样计划通用规范（国际标准化组织，2018a）。
- ISO 3951－3：2007：变量检查抽样程序——第 3 部分：以接受质量限值（AQL）为指标的逐批检验的双重抽样计划（国际标准化组织，2016b）。
- ISO 3951－4：2011：变量检查抽样程序——第 4 部分：正式公布的质量水平评定程序（国际标准化组织，2007a）。
- ISO 3951－5：2006：变量检查抽样程序——第 5 部分：以变量检查接受质量限值（AQL）（已知标准差）为指标的顺序抽样计划（国际标准化组织，2006b）。
- ISO 5725－1：1994：测量方法和测量结果的准确性（正确度与精密度）——第 1 部分：总则与定义（国际标准化组织，2018b）。
- ISO 7002：1986：食用农产品——标准批量抽样方法的设计（国际标准化组织，2018c）。
- ISO/TR 8550－1：2007：分批离散项目检验接收抽样系统的选择和使用指南——第 1 部分：接收抽样（国际标准化组织，2007c）。
- ISO/TR 8550－2：2007：分批离散项目检验接收抽样系统的选择和使用指南——第 2 部分：计数抽样（国际标准化组织，2007d）。
- ISO/TR 8550－3：2007：分批离散项目检验接收抽样系统的选择和使用指南——第 3 部分：计量抽样（国际标准化组织，2007e）。
- ISO10725：2000：散装物料验收抽样检验程序和抽样方案（国际标准化组织，2016c）。
- ISO11648－1：2003：散装物料抽样的统计方法——第 1 部分：一般原则（国际标准化组织，2019d）。
- ISO 11648－2：2001：散装物料抽样的统计方法——第 2 部分：颗粒物料的抽样（国际标准化组织，2018d）。
- ISO 28597：2017：计数验收抽样程序——每百万件不合格产品中的规定质量等级（国际标准化组织，2007f）。
- ISO 24333：2009：谷类和谷类制品——抽样（国际标准化组织，2018e）。

➲ 插文8 选择抽样方案的建议

下文列举了用户在选择合适的抽样方案时应注意的事项：

1. 是否有目标产品抽样相关国际性参考文件。

2. 参考的性质。

· 适用于该批次每个单独项目的特征。

· 适用于整个批次的特征（统计方法）。

3. 须参考的特征性质。

· 定性特征（在合格/不合格或类似基础上衡量的特征，如致病微生物的存在情况）。

· 定量特征（在连续量表上测量的特征，如成分特征）。

4. 选择质量等级［可接受质量限值（AQL）或极限质量（LQ）］。

· 根据《国际食品法典程序手册》中规定的原则以及风险类型分为：临界性不合格/非临界性不合格。

5. 批次的性质。

· 散装或预包装商品。

· 与控制特征有关的尺寸、均质性和分布情况。

6. 样品的组成。

· 由单一抽样单元组成的样品。

· 由一个以上单元组成的样品（包括复合样品）。

7. 选择抽样计划的类型。

· 统计品质管制验收抽样计划。

－ 控制特征的平均水平。

－ 控制该批次内不合格品的百分比。

－ 样品中不合格品的定义和列举法（计数方案）。

－ 建立代数公式，对样品各项目的平均值进行比较（变量方案）。

资料来源：《国际食品法典——抽样通用准则》（CXC 54—2004）。

5.2 分析

应对饲料和饲料原料进行常规分析，并作为饲料安全计划的一部分。了解饲料、饲料原料及其成分构成情况对饲料安全管理至关重要。应根据科学公认的原则制订并验证实验室分析方法。

为控制、批准或拒收饲料和饲料原料，必须有完善的书面规范文件。在与供应商沟通和协商、制作配方以及遵守客户要求等方面，可参照这些规范。应在说明书中确定饲料和饲料原料的安全参数（表 5-1）。

表 5-1　饲料和饲料原料安全的常用测定方法

特性	目的
感官特性和物理特性	检查颜色、气味、质地、水分、温度和可见杂质（如异物和虫害） 标识产品种类
散装物料密度	在配料和混合过程中，有助于控制库存，测定饲料原料性能。非均质混合物可能会导致安全问题，因为原料（特别是兽药）在整个混合物中的比例可能不均匀
纯度	确认无污染物：物理污染（如玻璃等）；化学污染（如有毒金属、二噁英、霉菌毒素、农药等）；生物污染（如沙门氏菌、大肠杆菌等）
湿度	微生物的滋生和霉菌毒素的形成与湿度有关
镜检	根据物理特性（如形状、颜色、颗粒大小、柔软度、硬度和质地）对材料进行检查和鉴别。饲料显微镜检查是鉴别杂质/污染物和评估饲料原料安全性的有效方法，也是确认饲料中缺失成分或虚假成分的有效方法

资料来源：Herrman T，2001b。

5.2.1　分析方法

在选择最佳分析方法时，应考虑其准确性、精密度、特异性、敏感性、可靠性和实用性。此外，选择分析方法时必须考虑上述所列属性以外的其他方面。根据分析目的，可将分析方法分为以下几种（Garfield，1994）：

- 官方分析法，法律规定的供主管部门监管分析的一种方法。
- 参考分析法/标准分析法，由组织或团体通过合作研究而开发并验证的一种方法。
- 筛查法或快速分析法，用于确定大量样品中任何一个样品是否需要通过更准确的分析方法或确证方法进一步进行分析检测的一种应急方法。
- 常规分析法，用于进行常规分析，可以是官方分析方法或标准分析方法，甚至为便于处理大量样品而进行修改的一种方法。
- 自动分析法，使用自动化设备的一种方法，可以是官方分析法或筛查法。
- 改良方法，通常是为去除干扰物质或适用于不同类型样品而简化修改的官方分析法或标准分析法。

　　选择分析方法时，分析人员应考虑用于待测物矩阵的分析方法、待测物浓度范围内经过测试和验证的方法以及已公布的实验室间验证数据记录的方法。应优先选择那些多家实验室合作研究中已经确定了其可靠性的方法。

　　在制订分析方案时，必须考虑不同分析方法的特点及其适用范围。

5.2.1.1　筛查法

　　使用筛查法的原因多种多样。最重要的是，筛查法中，大多数不需要实验室环境，也不需要受过高等教育的分析人员。此外，与传统分析方法相比，筛查法成本较低，分析持续时间往往更短。

　　筛查法通常用于需要分析大量样品且有迹象表明大多数样品含量低于目标水平的情况。筛查检测的目的是识别超过目标水平的样品。筛查法确认的阴性样品是可以接受的。由于筛查法可能会产生假阳性结果，阳性样品需要接受验证性分析以供官方对照。在其他情形下，例如用于质量控制或没有更先进的分析方法时，一个阳性分析结果可能会直接触发一次行动，而不需要进一步的检测。

　　应逐一评估假阳性结果对测定工作的影响，还应考虑其他因素。例如，与传统方法相比，如果筛查法能够大幅降低成本，则可以接受更高的假阳性率。

　　需要注意的是，当使用这些方法分析配合饲料等复合产品时，其分析性能可能会较差。为此，应对每种分析产品的筛查法进行验证，确定该方法是否适合相关分析目的（联合国粮食及农业组织和世界卫生组织，2019d）。

5.2.1.2　确证法

　　通过筛查法确认的阳性样品可以进行确证分析检测，以检查是否符合目标水平。确证分析检测应使用更为复杂的、经过全面验证的方法，如通过协作试验进行确证。然而，后者应在试验设计、矩阵类型、待分析的一个或多个矩阵、危害水平和样品数量方面进行周密的规划（联合国粮食及农业组织和世界卫生组织，2019d）（表5-2）。

5.2.1.3　复合式分析法

　　复合式分析法是指能够在一次试验中检测多个分析物的方法。制订复合式分析法的目标很简单：代替快速抽样预处理方法，具有高通量筛查功能，可低成本分析大量样品。到目前为止，人们已经加大了对酶联免疫分析法、荧光免疫分析法和其他免疫分析法等针对不同分析物的复合式分析法的研究。这些方法包括使用不同的固体载体或生物传感器检测农药；使用电分析传感器和设备检测及鉴别病原微生物；使用聚合酶链式反应技术检测病毒、细菌和其他致病微生物；使用液相色谱-串联质谱法检测食品中的真菌毒素、光引发剂和胺增效剂。这些快速、灵敏的检测方法可以满足其他环境物质检测和定量的要求。

表 5-2 筛查法和确证法

危害类别	筛查法		确证法	
	可用分析方法	备注	可用分析方法	备注
二噁英+类二噁英多氯联苯	生物检测法（荧光素酶报告基因法）(Hoogenboom 等，2006)	多分析物	GC/HRMS, GC-MS/M（欧盟委员会, 2017)	多分析物
霉菌毒素	试纸, ELISA (Maragos 等, 2010, von Holst 和 Stroka, 2014)	也可检测多分析物	LC-MS/MS, LCFLUO (Stroka 等, 2003; Mol 等, 2008)	也可检测多分析物、包括植物毒素
重金属			AAS, ICP-MS (EN 15510, 2017)	液相色谱-电感耦合等离子体质谱（LC-ICP-MS）测定无机砷和甲基汞；固相萃取预分离-原子吸收光谱法测定无机砷
兽药	Dipsticks, ELISA (Borras 等, 2011)	也可检测多分析物	LC-MS/MS (Kaklamanos 等, 2013)	
有机氯农药	GC-ECD		GC-MS	
植物毒素	试纸（莨菪生物碱）Mulder 等, 2014) ELISA（吡咯里西啶生物碱）(Oplatowska 等, 2014)	也可检测多分析物；对于许多植物毒素，目前还没有可用的筛查法	LC-MS/MS (Mol 等, 2008)	也可检测多分析物，包括霉菌毒素；对于一些新兴的植物毒素，目前尚无有效的分析方法
溴化阻燃剂			GC-MS/MS, LC-MS/MS（用于检测多溴联苯醚）(Lankova 等, 2013)	GC-MS/MS; 也可同时检测类二噁英多氯联苯、非类二噁英多氯联苯、多环芳烃

（续）

危害类别	筛查法		确证法	
	可用分析方法	备注	可用分析方法	备注
病原体	常规 PCR（Jarquin 等，2009）		培养分析（MPN）、实时 PCR 和 qPCR（Okelo 和 Fink-Gremmels，2012）	qPCR 的缺点：必须进行预富集以区分活菌计数和非活菌计数
寄生虫			镜检	
包装材料			目检、镜检（Raamsdonk 等，2012）	
塑料微粒			镜检（Raamsdonk 等，2012）	
放射性核素			伽马射线、光谱测定（Desideri 等，2014）	
纳米材料	暂无		暂无	

5.2.2 分析方法的新进展

质谱（MS）检测方法已经取代了以前应用的高效液相色谱-紫外光谱法
［HPLC - UV（LC - UV）］、高效液相色谱（HPLC -荧光法）、气相色谱-火焰
电离检测法（GC - FID）、气相色谱-电子捕获检测法（GC - ECD）。

对于潜在的有毒元素（砷、镉、铅和汞），大多数实验室采用不同形式的
原子吸收光谱测试法（AAS）对各种化合物进行分析。人们已经建立了饲料、
饲料原料、预混料和饲料添加剂的单一分析物分析方法，并使之标准化。电感
耦合等离子体（ICP）-原子发射光谱（ICP - AES）的多分析物分析方法主要
用于矿物质的分析，也可用于铅和镉，但仅适用于较高含量的矿物产品。目前
的趋势就是使用电感耦合等离子体质谱（简称 ICP - MS）多分析物分析方法，
这种方法可以同时测定潜在的有毒元素与矿物元素。

生物危害的检测和计数技术不断涌现，其中包括使用显色和荧光生长培养
基，以及基于噬菌体和阻抗的快速检测技术。尽管如此，在追求快速的同时，
仍然需要确保检测的准确性（Okelo P O 和 Fink - Gremmels，2012）。

随着实时微生物学技术的不断进步，所有现有方法的检测和计数将更加趋
向自动化，并更好地适应计算机技术，以控制过程、分析以及报告结果。目标
微生物的实时微生物检测和计数结果可作为输入数据，用来控制饲料和饲料原
料生产过程中调节工艺设备关键操作条件的机制（Fink - Gremmels，2012）。

全基因组测序（WGS），有时又称为 DNA 指纹分析，能够识别微生物且
准确性很高。这项技术快速、经济、操作简单、适用性广，可更精细地检测生
物体。全基因组测序能够高清晰地分辨不同细菌、病毒、真菌和寄生虫危害的
亚型。可利用这一能力回顾性比较与疑似流行病学疫情相关的微生物，或用于
高死亡率疾病的前瞻性实验室监测。

表 5 - 2 列出了在实践工作中适用于每种潜在危害的筛查法和确证法。应
强调的是，对所有相关饲料和饲料原料，这些方法中的大多数还没有得到
验证。

对于大多数危害，特别是化学危害，需要掌握最尖端的技术、配备完善的
实验室和技术娴熟的工作人员。

如表 5 - 2 所示，对于几种危害，特别是对纳米材料的危害，目前还没有
可靠的方法可用。这表明了人们对开发这些方法的强烈需求。

行业和机构协会，美国饲料管理协会实验室方法和服务委员会（AAFCO）、
巴西饲料制造商协会实验室委员会、美国饲料工业协会实验室委员会
（AFIA）通过不同的专家组公布了适用于工艺流程、产品评估和安全控制的
方法准则。对饲料和饲料原料的常规评估需要不同的设备和相对简单的配置。

实验室人员应经常进行培训。

表5-3和表5-4总结了可在饲料厂实验室实施的参考分析方法，这些方法仅需基本设备、材料和试剂。

表5-3　理化分析方法

分析范围	测定	参考方法	必备设备
玉米、花生、小麦、小黑麦、大麦、燕麦、谷物粗粉、饲料	真菌毒素	Rodriguez - Amaya D. B., Soares L. V., 1985 Rodriguez - Amaya D. B., Soares L. V., 1989	分析天平、水槽、波长366纳米紫外线辐照暗室、紫外/可见光分光光度计、搅拌器、超声波仪
矿物质和混合物	无机污染物	AOAC Method 968.08，2016	分析天平、原子吸收分光光度计、马弗炉、加热板
矿物质和混合物	无机污染物	AOAC Method 985.01，2016	分析天平、ICP/OES分光光度计、马弗炉、加热板

表5-4　微生物学分析方法

分析范围	测定	参考方法	必备设备
饲料和饲料原料	蜡样芽孢杆菌	Bennet R. W., Behy N., 2001	分析天平、高压蒸汽灭菌器、恒温箱、本生灯或微波炉
饲料和饲料原料	酵母菌和霉菌	Tournas V., Stack M. E., Mislivec P. B., Koch H. A., Bandler R., 2001	分析天平、高压蒸汽灭菌器、恒温箱、本生灯或微波炉、水槽、层流室、保温箱(25±1)℃
饲料和饲料原料	产气荚膜梭菌	Rhodehamel E. J., Harmon S. M., 2001 Labbe R. G., 2001	分析天平、高压蒸汽灭菌器、恒温箱、本生灯或微波炉、水槽（带搅拌功能）、层流室、保温箱（25±1)℃、均质器
饲料和饲料原料	沙门氏菌	Andrews W. H., Flowers R. S., Silliker J., Bailey J. S., 2001; Andrews W. H., Wang H., Jacobson A., Hammack T. S., 2020; Bennett A. R., Macphee S., Betts R., Post D., 1999; 国际标准化组织，2017g	分析天平、高压蒸汽灭菌器、恒温箱、本生灯或微波炉、水槽（带搅拌功能）、均质器
饲料和饲料原料	大肠杆菌	Davidson P. M., Roth L. A., Gambrel - Lenarz S. A., 2004; Baird R. B. et al., 2017; Feng P. C. S., Hartman P. A., 1982	分析天平、高压蒸汽灭菌器、恒温箱、本生灯或微波炉、水槽（带搅拌功能）、均质器

5.3 实验室质量保证计划

实验室的主要目标之一是针对预期目的，通过精确、可靠以及恰当的分析方法获得高质量的分析数据。这一目标可以通过实施完善的实验室质量保证计划来实现，同时确保实验室分析能力，并保存正确的记录。

根据经实验室质量保证计划的要求，应实施以下措施：管理质量政策声明、质量保证计划目标、样品控制和保存记录、设备维护、方法验证、测定原则、培训、方法选择、实验室内部和实验室间测试、能力测试、参考标准、现场抽样和实验室抽样、统计学考虑因素、审计、纠偏措施、质量保证计划的修订和更新。

在公认的质量标准下进行实验室操作，应单独申请批准其质量保证计划，最好是通过实验室认证，以证明它们自己的能力和可靠性。认证机构应根据质量标准，如 ISO/IEC17025 -实验室管理体系，检测和校准实验室能力的一般要求（国际标准化组织，2017h），对实验室能力进行评估。在与外部实验室签约时，应特别注意这一点。实验室质量保证计划可作为替代认证方案，采用经过验证的方法、能力测试、实验室内部或实验室间测试，可以确保实验室分析能力（表 5 - 5）。

表 5 - 5 抽样和分析的实用建议

在确定抽样程序时，应考虑抽样的目的、将对样品进行的实验室分析以及饲料和饲料原料的特性

在制订即将采用的抽样程序时，应明确应达到的抽样目标和应实现的目的

应在明确界定的区域进行抽样，以避免抽样过程中遇到困难，降低污染和交叉污染风险，正确进行实验室分析，应对抽样器和环境采取必要的安全和卫生防范措施

负责抽样工作的人员应进行相关程序方面的培训

所有工具和辅助材料均应是惰性的，并在使用前后保持清洁状态

非均质物料部分应单独进行抽样，且不得混合，因为这会掩盖安全问题

除极少例外情况外，所有进货原料均应在到货时进行抽样，并检查其种类、表观纯度，并与参考样品和标准规格进行比较

应使用国际抽样方法，以确保采用有效的抽样程序来检测饲料是否符合特定标准或目标

抽样程序应规定对待检批次进行检查和分类的条件

在选择最合适的分析方法时，应考虑其准确性、精密度、特异性、敏感性、可靠性和实用性

根据公认的质量标准进行实验室操作，应单独申请批准其质量保证计划，最好是通过实验室认证，以证明实验室的能力和可靠性

5.4 不确定性应对措施

在选择签约实验室时，重要的是要讨论应实现的分析目的、实验室应使用的分析测定方法，特别是分析结果表达的不确定度。

不确定度是衡量实验室结果质量的一项标准。分析结果因实验室系统条件的不同而不同，许多重要决策都是以定量分析结果值为依据做出的。与规格或法规相比，分析结果是接受产品或拒绝产品或决定发货的决定性因素，也是评估工艺流程性能和实施贸易限制的决定性因素。无论根据分析结果做出什么决策，都必须有一个分析质量的指标，即分析结果对将要做出的决策的影响程度。在这种情况下，应计算不确定度。

不确定度是测量结果的一种量化属性，尽管它一直是测量工作的一部分，但这一概念是相对较新的。但是，如同国际单位制的使用使科学和技术测量实现了一致性，国际上共享的"测量不确定度评估和表达"概念，应使所有领域的各种测量结果具有更为广泛的含义，并使人们能够更好地理解和解释法律法规问题。在分析化学的某些领域，如涉及国际贸易的一些领域，已经要求实验室实施质量保证措施，以确保他们有能力提供所需的质量结果。也就是说，在不确定度可接受的情况下，将分析结果用于决策和风险评估。除了报告精准的测量结果外，不确定度还增加了不同实验室测量结果的可比性。

尤为重要的是，应制订明确的指南，就分析结果的测量不确定度对分析结果进行明确的解释。这一点的重要性可以通过一个示例来说明（图5-8），该示例列出了基于单一检测样品做出决策的最简单的情况（联合国粮食及农业组织和世界卫生组织，2011b）。

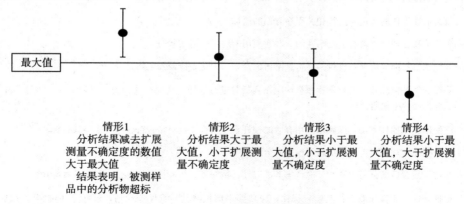

图5-8 基于单一检测样品的决策示例

资料来源：联合国粮食及农业组织和世界卫生组织，2011b。

实际上，在第1种情形下，应解释为样品不合格，因为它不符合规格。对于第2种情形，一方面，认为没有理由推断超出限值，因此不会采取任何行动。另一方面，其他人可以在无须考虑不确定度的情况下采取措施，将样品视为不合格且超出限值。当然，在处理生物危害时，必须采用最严格的标准。对于化学品、添加剂和其他物质，标准可能会因解释的不同而不同。对于第3种情形，将会接受样品，但要注意的是，报告值接近规定的最大值，以后可能会密切监测样品。至于病原体，正如上述情况所述，有些人认为即便样品中的微生物含量微乎其微，但也是有风险的，并认为样品不合格。在第4种情形下，无论是否考虑不确定度，报告值都低于规定的限值。因此，该样品视为合格。

参考文献
REFERENCES

Andrews, W. H. , Flowers, R. S. , Silliker, J. , Bailey, J. S. 2001. *Salmonella.* In Frances Pouch Downes & Keith Ito, eds. Compendium of Methods for the Microbiological Examination of Foods, American Public Health Association. pp. 357 – 380. Washington, DC.

Andrews, W. H. , Wang, H. , Jacobson, A. , Hammack, T. S. 2020. *Salmonella.* In Bacteriological Analytical Manual Online. (also available at: https://www. fda. gov/food/laboratory – methods – food/bacteriological – analytical – manual – bam – chapter – 5 – salmonella).

Association of Official Analytical Chemists. 2016. Official Methods of Analysis of A. O. A. C. International. Method 968. 08 – Minerals in animal feed and pet food – atomic absorption spectrophotometric method(4. 8. 02). Arlington, VA , USA.

Association of Official Analytical Chemists. 2016. Official Methods of Analysis of A. O. A. C. International. Method 985. 01 – Metals and other elements in plants and pet foods – Inductively Coupled Plasma(ICP)spectroscopy method(3. 2. 06). Arlington, VA, USA.

Assured Food Standards Technical Advisory Committee. 2010. Industry code of practice for on farm feeding (available at https://assurance. redtractor. org. uk/contentfiles/Farmers – 5417. pdf).

Axe, D. E. 1995. Factors affecting uniformity of a mix. Animal Feed Science and Technology, 53:211 – 220.

Baird, R. B, Eaton, A. D. , Rice, E. W. eds 2017. Standard Methods for the Examination of Water and Wastewater. 23. ed. : American Public Health Association(APHA), American Water Works Association(AWWA)& Water Environment Federation(WEF). Washington, DC.

Bennet, R. W. , Behy, N. 2001. *Bacillus cereus.* In Frances Pouch Downes & Keith Ito, eds. Compendium of Methods for the Microbiological Examination of Foods, American Public Health Association, pp. 311 – 316. Washington, DC.

Bennett, A. R. , MacPhee, S. , Betts, R. , Post, D. 1999. Use of pyrrolidonyl peptidase to distinguish *Citrobacter* from *Salmonella.* Letters in Applied Microbiology, 28(3):175 – 178.

Borràs S. , Companyó, R. , Granados, M. , Guiteras, J. , Prez – Vendrell, A. M. , Brufau, J. , Medina M. , Bosch, J. 2011. Analysis of antimicrobial agents in animal feed. Trends in Analytical Chemistry, 30(7):1042 – 1064.

Brazzola, N & Helander, S. E. M. , 2018. Five Approaches to Build Functional Early Warning Systems United Nations Development Programme. Istanbul, Turkey. (also available at https://www. eurasia. undp. org/content/rbec/en/home/library/environment_energy/five - approaches - to - build - functional - early - warning - systems. html).

Davidson, P. M. , Roth, L. A. , Gambrel - Lenarz, S. A. 2004. Chapter 7 Coliform and other indicator bacteria. In: Standard Methods for the Examination of Dairy Products, American Public Health Association, pp. 187 - 226. Washington, DC.

Desideri, D. , Roselli, C. , Forini, N. , Rongoni, A. , Meli, M. A. , Feduzi, L. 2014. Alpha and gamma spectrometry for the radiological characterization of animal feed. Microchemical Journal, 116:41 - 46.

Driehuis, F. , Wilkinson, J. M. , Jiang, Y. , Ogunade, I. , and Adesogan, A. T. 2018. Silage Review: Animal and Human Health Risks from Silage. Journal of Dairy Science, 101(5): 4093 - 4110. (also available at https://doi. org/10. 3168/jds. 2017 - 13836).

Empresa Brasileira de Pesquisa Agropecuária(EMBRAPA). 2017. ICFL in numbers. Brasil(also available at https://ainfo. cnptia. embrapa. br/digital/bitstream/item/162252/1/2017 - cpamt - iclf - numbers. pdf).

European Commission. 2017. Commission Regulation(EU)2017/771 of 3 May 2017 amending Regulation(EC) No 152/2009 as regards the methods for the determination of the levels of dioxins and polychlorinated biphenyls. Official Journal of the European Union L 115/22 - 42. (also avail - able at https://eur - lex. europa. eu/legal - content/EN/TXT/? - qid = 1590593893769&uri=CELEX: 32017R0771).

European Committee for Standardization. 2017. Animal feeding stuffs. Methods of sampling and analysis. Determination of calcium, sodium, phosphorus, magnesium, potassium, iron, zinc, copper, manganese, cobalt, molybdenumand lead by ICP - AES EN 15510.

FAO. 2003. International Code of Conduct on the Distribution and Use of Pesticides. Rome, FAO(also available at http://www. fao. org/3/y4544e/y4544e00. htm).

FAO. 2006. Food Safety Risk Analysis. A guide for national food safety authorities. FAO Food and Nutrition Paper No 87. Rome, FAO. 102 pp. (also available at http://www. fao. org/3/a - a0822e. pdf).

FAO. 2010. An international consultation on integrated crop - livestock systems for development. Integrated Crop Management, Vol. 13 - 2010. Rome, FAO. 63 pp. (also available at http://www. fao. org/fileadmin/templates/agphome/images/iclsd/documents/crop_livestock_proceedings. pdf).

FAO, WHO. 1993. Codex Alimentarius. Classification of Foods and Animal Feeds CXA 4 - 1989. Rome, FAO. (also availableat http://www. codexalimentarius. org/codex - texts/miscellaneous/en/).

FAO, WHO. 2003. Codex Alimentarius. General Principles of Food Hygiene CXC 1 - 1969. Rome, FAO. (also availableat http://www. codexalimentarius. org/codex - texts/codes - of - practice/en/).

FAO, WHO. 2004. Codex Alimentarius. General Guidelines on Sampling CXG 50 - 2004. Rome,

FAO. (also available at http://www. codexalimentarius. org/codex - texts/guidelines/en/).

FAO, WHO. 2005. Codex Alimentarius. Code of Practiceto Minimize and Contain Antimicrobial Resistance CXC 61 - 2005. Rome, FAO. (also available at http://www. codexal - imentari - us. org/codex - texts/codes - of - practice/en/).

FAO, WHO. 2006. Codex Alimentarius. Principles for Traceability/Product Tracing as a Tool within a Food Inspection and Certification System CXG 60 - 2006. Rome, FAO. (alsoavail - able at http://www. codexalimentarius. org/codex - texts/guidelines/en/).

FAO, WHO. 2007. Codex Alimentarius. Working Principles for Risk Analysis for Food Safety for Application by Governments CXG 62 - 2007. Rome, FAO. (also available at http:// www. codexalimentarius. org/codex - texts/guidelines/en/).

FAO, WHO. 2008a. Codex Alimentarius. Code of Practiceon Good Animal Feeding CXC 54 - 2004. Rome, FAO. (alsoavailable at http://www. codexalimentarius. org/codex - texts/ codes - of - practice/en/).

FAO, WHO. 2008b. Codex Alimentarius. Principles and Guidelines for the Conduct of Microbi - ological Risk Management (MRM) CXG 63 - 2007. Rome, FAO. (alsoavailable at http:// www. codexalimentarius. org/codex - texts/guidelines/en/). SECTION O.

FAO, WHO. 2008c. Animal Feed Impact on Food Safety. Report of the FAO/WHO Expert Meeting FAO headquarters, Rome 8 - 12 October 2007. Rome, FAO.

FAO, WHO. 2009. Codex Alimentarius. Guidelines on the Application of General Principles of Food Hygiene to the Control of *Listeria monocytogenes* in Foods CXG 61 - 2007. Rome, FAO. (also available at http://www. codexalimentarius. org/codex - texts/guidelines/en/).

FAO, WHO. 2010. Codex Alimentarius. Guidelines for the Design, Operation, Assessment and Accreditation of FoodImport and Export Inspection and Certification Systems CXG26 - 1997. Rome, FAO. (also available at http://www. codexalimentarius. org/codex - texts/ guidelines/en/).

FAO, WHO. 2011a. Codex Alimentarius. Guidelines for Risk Analysis of Foodborne Antimicro - bial Resistance CXG 77 - 2011. Rome, FAO. (also available at http://ww. fao. org/fao - who - codexalimentarius/codex - texts/guidelines/en/).

FAO, WHO. 2011b. Codex Alimentarius. Guidelines on Measurement Uncertainty. CXG 54 - 2004. Rome, FAO. (also available at http://www. codexalimentarius. org/codex - texts/ guidelines/en/).

FAO, WHO. 2012. FAO/WHO guide for developing and improving national food recall systems. Rome, FAO. (also available at http://www. fao. org/3/i3006e/i3006e. pdf).

FAO, WHO. 2013a. Codex Alimentarius. Guidelines on the Application of Risk Assessment for Feed CXG 80 - 2013. Rome, FAO. (also available at http://www. codexalimentarius. org/ codex - texts/guidelines/en/).

FAO, WHO. 2013b. Codex Alimentarius. Guidance for Governments on Prioritizing Hazards in Feed CXG 81 - 2013. Rome, FAO. (also available at http://www. codexalimentarius. org/

codex – texts/guidelines/en/).

FAO, WHO. 2013c. Codex Alimentarius. Guidelines for the Validation of Food Safety Control Measures CXG 69 – 2008. Rome, FAO. (also available at http://www. codexalimentarius. org/codex – texts/guidelines/en/).

FAO, WHO. 2014a. Codex Alimentarius. Principles and Guidelines for the Conduct of Microbiological Risk Assessment CXG 30 – 1999. Rome, FAO. (also available at http://www. codexalimentarius. org/codex – texts/guidelines /en/).

FAO, WHO. 2014b. Codex Alimentarius. Code of Practice for Weed Control to Prevent and Reduce Pyrrolizidine Alkaloid Contamination in Food and Feed CXC 74 – 2014. Rome, FAO. (also available at http://www. codexalimentarius. org/codex – texts/codes – of – practice/en/)

FAO, WHO. 2016. Codex Alimentarius. Principles and Guidelines for the Exchange of Information in Food Safety Emergency Situations CXG 19 – 1995. Rome, FAO. (alsoavailable at http://www. codexalimentarius. org/codex – texts/guidelines/en/).

FAO, WHO. 2017. Codex Alimentarius. Code of Practice for the Prevention and Reduction of Mycotoxin Contamination in Cereals CXC 51 – 2003. Rome, FAO. (also availableat http://www. codexalimentarius. org/codex – texts/codes – of – practice/en/).

FAO, WHO. 2018. Codex Alimentarius. Code of Practice for the Prevention and Reduction of Dioxins, Dioxin – like PCBs and Non – dioxin – like PCBs in Food and Feed CXC 62 – 2006. Rome, FAO. (also available at http://www. codexalimentarius. org/codex – texts/codes – of – practice/en/).

FAO, WHO. 2019a. Codex Alimentarius Commission. Procedural Manual, 27 ed. Rome, FAO. 255 pp. (also available at http://www. fao. org/publications/card/en/c/CA2329EN).

FAO, WHO. 2019b. Codex Pesticide Database [online]. Rome. http://www. codexalimentarius. org/codex – texts/dbs/pestres/pesticides/en/).

FAO, WHO. 2019c. Codex Alimentarius. General Standard for Contaminants in Food and Feed CXS 193 – 1995. Rome, FAO. (also available at http://www. codexalimentarius. org/codex – texts/list – standards/pt/).

FAO, WHO. 2019d. Hazards associated with Animal Feed. Report of the Joint FAO/WHO Expert Meeting FAO headquarters, Rome 12 – 15 May 2015. Rome, FAO. (also available at http://www. fao. org/documents/card/en/c/ca6825en/).

FAO, WHO. 2019e. Carryover in feed and transfer from feed to food of unavoidable and unintended residues of approved veterinary drugs. Report of the Joint FAO/WHO Expert Meeting FAO headquarters, Rome 8 – 10 January 2019. Rome, FAO. (also available at http://www. fao. org/documents/card/en/c/ca6296en/).

FAO, WHO. 2019f. Codex Alimentarius Veterinary Drugs Residue in Food Online Database (http://www. codexalimentarius. org/codex – texts/dbs/vetdrugs/veterinary – drugs/en/).

Feng, P. C. S. , Hartman, P. A. 1982. Fluorogenic assay for immediate confirmation of *Esche-*

richia coli. Applied and Environmental Microbiology, 43(6):1320 - 1329. (also available at https://aem. asm. org/content/aem/43/6/1320. full. pdf).

FIFE Trading Standards Service. 2000. Guidance for On - farm Mixers Producing Complete Feeds for Their Own Use(also available at www. tradingstandards. gov. uk/fife/feedmix. htm).

Fink - Gremmels, J. ed. 2012. Animal Feed Contamination - Effects on Livestock and Food Safety. Woodhead Publishing Limited, Cambridge, UK.

Garfield, F. M. 1994. Quality Assurance Principles for Analytical Laboratories, AOAC International, Arlington, VA, USA.

German Ministry of Food and Agriculture. 2017. Guidance document on the verification of manufacturing and mixing accuracy in feed businesses(Germany)(as per:20/12/2017)(https://www. bmel. de/SharedDocs /Downloads/DE/_ Tiere/Futtermittel/Leitfaden - Arbeits - Mischgenauigkeit – EN. pdf?__blob=publicationFile&v=2).

Global G. A. P. 2020. All Farm Base, Crops Base, Fruit and Vegetables Control Points and Compliance Criteria V5. 3 - GFS. (also available at https://www. globalgap. org/).

Heinrichs, J. & Roth, G. W. 2001. Corn Silage Production and Management. Agronomy Facts 18. 6 pp. (also available at https://extension. psu. edu/corn - silage - production - and - man -agement).

Herrman, T. 2001a. Feed Manufacturing, Sampling: Procedures for Feed/MF2036. Kansas State University. 8 pp. (alsoavailable at https://bookstore. ksre. ksu. edu/pubs/mf2036. pdf).

Herrman, T. 2001b. Evaluating Feed Components and Finished Feeds/MF2037, Kansas State University. 12pp. (also available at https://bookstore. ksre. ksu. edu/pubs/MF2037. pdf).

Hoogenboom, L. A. P. , Goyens, L. , Carbonnelle S. , vanLoco, H. , Beernaert, H. , Baeyens, W. , Traag, W. , Bovee, T. , Jacobs, G. Schoeters, G. 2006. The CALUX bioassay: Current status of its application to screening food and feed. Trends in Analytical Chemistry, 25(4):410 - 420.

International Standardization Organization(ISO). 1999. Sampling procedures for inspection by attributes - Part1: Sampling schemes indexed by acceptance quality limit(AQL) for lot - by - lot inspection ISO 2859 - 1:1999. Geneva. Switzerland.

International Standardization Organization (ISO) . 2006a. Statistical interpretation of data - Techniques of estimation and tests relating to means and variances ISO 2854: 1976. Geneva. Switzerland.

International Standardization Organization(ISO). 2006b. Sampling procedures for inspection by variables - Part 5: Sequential sampling plans indexed by acceptance quality limit(AQL) for inspection by variables(known standard deviation) ISO 3951 - 5: 2006. Geneva. Switzerland.

International Standardization Organization (ISO) . 2007. Traceability in the Feed and Food Chain -General Principles and Basic Requirements for System Design and Implementation ISO 22005: 2007. Geneva. Switzerland.

International Standardization Organization(ISO). 2008. Sampling procedures for inspection by attributes – Part 4: Procedures for assessment of declared quality level ISO 2859 – 4: 2002. Geneva. Switzerland.

International Standardization Organization(ISO). 2013. Sampling procedures for inspection by variables – Part 1: Specification for single sampling plans indexed by acceptance quality limit (AQL)for lot – by – lot inspection for a single quality characteristic and a single AQL ISO 3951 – 1: 2013. Geneva. Switzerland.

International Standardization Organization(ISO). 2015. Statistical interpretation of data – Power of tests relating to means and variances ISO 3494: 1976. Geneva. Switzerland.

International Standardization Organization (ISO) . 2016a. Prerequisite Programmes on Food safety – Part 6: Feed and Animal Food Production ISO/TS 22002 – 6: 2016. Geneva. Switzerland.

International Standardization Organization(ISO). 2016b. Sampling procedures for inspection by variables – Part 3: Double sampling schemes indexed by acceptance quality limit(AQL)for lot –by – lot inspection ISO 3951 – 3: 2007. Geneva. Switzerland.

International Standardization Organization(ISO). 2016c. Acceptance sampling plans and procedures for the inspection of bulk materials ISO 10725: 2000. Geneva. Switzerland.

International Standardization Organization(ISO). 2017a. Sampling procedures for inspection by variables – Part 4: Procedures for assessment of declared quality levels ISO 3951 – 4: 2011. Geneva. Switzerland.

International Standardization Organization(ISO). 2017b. Sampling procedures for inspection by attributes – Part 10: Introduction to the ISO 2859 series of standards for sampling for inspection by attributes ISO 28590: 2017. Geneva. Switzerland.

International Standardization Organization(ISO). 2017c. Guidance on the selection and usage of acceptance sampling systems for inspection of discrete items in lots – Part 1: Acceptance sampling ISO/TR 8550 – 1: 2007. Geneva. Switzerland.

International Standardization Organization(ISO). 2017d. Guidance on the selection and usage of acceptance sampling systems for inspection of discrete items in lots – Part 2: Sampling by attributes ISO/TR 8550 – 2: 2007. Geneva. Switzerland.

International Standardization Organization(ISO). 2017e. Guidance on the selection and usage of acceptance sampling systems for inspection of discrete items in lots – Part 3: Sampling by variables ISO/TR 8550 – 3: 2007. Geneva. Switzerland.

International Standardization Organization(ISO). 2017f. Acceptance sampling procedures by attributes – Specified quality levels in nonconforming items per million ISO 28597: 2017. Geneva. Switzerland.

International Standardization Organization (ISO) . 2017g. Microbiology of the food chain — Horizontal method for the detection, enumeration and serotyping of *Salmonella*— Part 1: Detection of *Salmonella* spp. ISO 6579 – 1: 2017. Geneva. Switzerland.

International Standardization Organization(ISO). 2017h. General Requirements for the Competence of Testing and Calibration Laboratories ISO/IEC 17025: 2017. Geneva. Switzerland.

International Standardization Organization(ISO). 2018a. Sampling procedures for inspection by variables - Part 2:General specification for single sampling plans indexed byacceptance quality limit(AQL)for lot - by - lot inspection of independent quality characteristics ISO 3951 - 2:2013. Geneva. Switzerland.

International Standardization Organization (ISO). 2018b. Accuracy(trueness and precision)of measurement methods and results - Part 1:General principles and definitions ISO 5725 - 1: 1994. Geneva. Switzerland.

International Standardization Organization (ISO). 2018c. Agricultural food products - Layout for a standard method of sampling from a lot ISO 7002:1986. Geneva. Switzerland.

International Standardization Organization (ISO). 2018d. Statistical aspects of sampling from bulk materials - Part 2: Sampling of particulate materials ISO 11648 - 2: 2001. Geneva. Switzerland.

International Standardization Organization(ISO). 2018e. Cereals and cereal products - Sampling ISO 24333:2009. Geneva. Switzerland.

International Standardization Organization (ISO). 2019a. Animal feeding stuffs - Vocabulary ISO 20588:2019(E). Geneva, Switzerland.

International Standardization Organization(ISO). 2019b. Sampling procedures for inspection by attributes - Part 3:Skip - lot sampling procedures ISO 2859 - 3:2005. Geneva. Switzerland.

International Standardization Organization(ISO). 2019c. Sampling procedures for inspection by attributes - Part 5:System of sequential sampling plans indexed by acceptance quality limit (AQL)for lot - by - lot inspection ISO 2859 - 5:2005. Geneva. Switzerland.

International Standardization Organization (ISO). 2019d. Statistical aspects of sampling from bulk materials - Part 1:General principles ISO 11648 - 1:2003. Geneva. Switzerland.

International Standardization Organization(ISO). 2020. Sampling procedures for inspection by attributes - Part 2:Sampling plans indexed by limiting quality (LQ) for isolated lot inspection ISO 2859 - 2:2020. Geneva. Switzerland.

Jarquin, R. , Hanning, I. , Ahn, S. , Ricke, S. C. 2009. Development of Rapid Detection and 30 Genetic Characterization of *Salmonella* in Poultry Breeder Feeds. Sensors, 9 (7): 5308 - 5323.

Johnston, L. J. & Hawton, J. D. 1991. Quality control of on - farm swine feed manufacturing. Minnesota Extension Service, AGFO - 5639. 6 pp. (also available at https://conservancy. umn. edu/bitstream/handle/11299/207577/MN2500_AGFO_5639_revised1991. pdf? sequence=1&isAllowed=y).

Jones, C. M. , Heinrichs, J. , Roth, G. W. & Ishler, V. A. 2004. From harvest to feed:understanding silage management. The Pennsylvania State University. 34 pp. (available at http:// pss. uvm. edu/pdpforage/Materials/CuttingMgt/From_Har - vest_to_Feed_Understanding_ Silage_management_Penn - State. pdf).

Kaklamanos, G. , Vincent, U. , von Holst, C. 2013. Analysisof antimicrobial agents in pig feed by liquid chromatography coupled to orbitrap mass spectrometry. Journal of Chromatography A, 1293:60 - 74.

Labbe, R. G. , 2001. *Clostridium perfringens.* In Frances PouchDownes & Keith Ito, eds. Compendium of Methods for the Microbiological Examination of Foods, American Public Health Association, pp. 325 - 330. Washington, DC.

Lankova, D. , Kockovska, M. , Lacina, O. , Kalachova, K. , Pulkrabova, J. , Hajslova, J. 2013. Rapid and simple method for determination of hexabromocyclododecanes and other LC - MS - MS - amenable brominated flame retardants infish. Analytical and Bioanalytical Chemistry, 405:7829 - 7839.

Lopes, J. R. G. , Riet - Correa, F. , and Medeiros, R. M. T. 2019. Phytotoxins eliminated by milk: a review. Pesquisa Veterinária Brasileira, 39(4):231 - 237.

Maragos, C. M. & Busman, M. 2010. Rapid and advancedtools for mycotoxin analysis: a review. Food Additives &Contaminants: Part A, 27(5):688 - 700.

Mol, Hans, G. J. , Plaza - Bolan, P. , Zomer, P. , de Rijk, T. C. , Stolker, A. A. M. , Mulder, P. P. J. 2008. Toward a Generic Extraction Method for Simultaneous Determination of Pesticides, Mycotoxins, Plant Toxins, and Veterinary Drugs in Feed and Food Matrixes. Analytical Chemistry, 80(24):9450 - 9459.

Mulder, P. P. J. , von Holst, C. , Nivarlet, N. , van Egmond, H. P. 2014. Intra and inter laboratory validation of a dipstick immunoassay for the detection of tropane alkaloids hyoscyamine and scopolamine in animal feed. Food Additives and Contaminants Part A, 31(7):1165 - 1176.

Nemser, S. M. , Doran, T. , Grabenstein, M. , McConnell, T. , McGrath, T. , Pamboukian, R. , Smith, A. C. , Achen, M. , Danzeisen, G. , Kim, S. , Liu, Y. , Robeson, S. , RosarioG. , Wilson, K. , Reimschuessel, R. 2014. Investigation of *Listeria*, *Salmonella*, and toxigenic *Escherichia coli* in various pet foods. Foodborne Pathogens and Disease, 11(9):706 - 709.

Okelo, P. O. , Fink - Gremmels, J. 2012. Detection and enumeration of microbiological hazards in animal feed. In Fink - Gremmels, J. , ed. Animal Feed Contamination 2012 - Effects on Livestock and Food Safety. pp. 56 - 65. Woodhead Publishing Limited, Cambridge, UK.

Oplatowska, M. , Elliott, C. T. , Huet, A. C. , McCarthy, M. , Mulder, P. P. J. , von Holst, C. , Delahaut, P. , Van Egmond, H. P. , Campbell, K. 2014. Development and validation of a rapid multiplex ELISA for pyrrolizidine alkaloids and their N - oxides in honey and feed. Analytical and Bioanalytical Chemistry, 406:757 - 770.

Oyarzabal, O. A. 2015. Understanding the Differences between Hazard Analysis and Risk Assessment. Food Safety Magazine, November 3, 2015. (also available at https://www. food safety magazine. com/enewsletter/understanding - the - differences - between - hazard - analysis - and - risk - assessment/).

Parr, W. H. 1988. The small - scale manufacture of compound animal feed. ODNRI Bulletin n. 9. 87pp. (available at https://gala. gre. ac. uk/id/eprint/11051/).

Queiroz, O. C. M. , Ogunade, I. M. , Weinberg, Z. & Adesogan, A. T. 2018. Silage review: foodborne pathogens in silage and their mitigation by silage additives. Journal of Dairy Science, 101(5):4132 - 4142.

Raamsdonk, L. W. D. , Pinckaers, V. G. Z. , Vliege, J. J. M. , Egmond, H. J. van. 2012. Examination of packaging materials in bakery products. A validated method for detection and quantification. Report 2012. 007, RIKILT, Wageningen. (also available at https://library. wur. nl/WebQuery/wur - pubs/431064).

Rhodehamel, E. J. , Harmon, S. M. 2001. *Clostridium perfringens*. In Bacteriological Analytical Manual Online. (also available at https://www. fda. gov/food/laboratory - methods - food/bam - clostridium - perfringens).

Rodriguez - Amaya, D. B. , Soares, L. V. 1985. Screening and quantification of ochratoxin A in corn, peanuts, beans, rice and cassava. Journal of Association of Official Analytical Chemists, 68(6):1128 - 1130.

Rodriguez - Amaya, D. B. , Soares, L. V. 1989. Survey of aflatoxins, ochratoxin A, zearalenone and sterigmatocystin in some Brazilian foods by using multitoxins thin layer chromatographic method. Journal of Association of Official Analytical Chemists, 72(1):22 - 26.

Romero, J. J. & Castillo, M. 2013. Forage Conservation: Troubleshooting Hay and Silage Production. Forage Notes ♯ 2. 8pp. (available at https://content. ces. ncsu. edu/forage - conservation - troubleshooting - hay - and - silage - production).

Romero, J. J. , Castillo, M. , Burns, J. C. , Mueller, P. & Green, J. 2015. Forage Conservation Techniques: Hay Production. Crop&Soil Sciences, available at https://content. ces. ncsu. edu/forage - conservation - techniques - hay - production.

Santorum, P. , Garcia, R. , Lopez, V. , and Martinez - Suarez, J. V. 2012. Review. Dairy farm management and production practices associated with the presence of *Listeria monocytogenes* in raw milk and beef. Spanish Journal of Agricultural Research, 10(2):360 - 371. (also available at http://dx. doi. org/10. 5424/sjar/2012102 - 314 - 11).

Scott, V. N. & Stevenson, K. E. 2006. HACCP - A Systematic Approach to Food Safety: A Comprehensive Manual for Developing and Implementing a Hazard Analysis and Critical Control Plan. Grocery Manufacturers Association. Washington DC, USA.

Steinheim, G. Voie, O. A. Adnoy, T. , Longva, K. S. 2011. Effect of contamination of pasture with military explosives on grazing behaviours in sheep. Acta Agriculturae Scandinavica Section A Animal Science, 61(93):1 - 4.

Stroka, J. , von Holst, C. , Anklam, E. , and Reutter, M. 2003. Immunoaffinity column clean - up with liquid chromatography using post - column bromination for determination of aflatoxin B1 in cattle feed:collaborative study. Journal of AOAC International, 86(6):1179 - 1186.

Tournas , V. , Stack, M. E. , Mislivec, P. B. , Koch, H. A. ; Bandler, R. , 2001 Yeasts, molds and mycotoxins. In Bacteriological Analytical Manual Online. (also available at https://www. fda. gov/food/laboratory - methods - food/bam - yeasts - molds - and - mycotoxins).

von Holst, C. and Stroka, J. 2014. Performance criteria for rapid screening methods to detect mycotoxins. World Mycotoxin Journal, 7(4):439 - 447.

World Health Organization(WHO). 2006. Guidelines for the Safe Use of Wastewater, Excreta and Greywater, v. 4. Excreta and greywater use in agriculture. Geneva, Switzerland. 177 pp. (also available at https://www. who. int/water_ sanitation_health/publications/gsuweg4/ en/).

World Health Organization(WHO). 2017 Guidelines for Drinking - water Quality Fourth Edition Incorporating the First Addendum. Geneva. Switzerland. (also available at https:// www. who. int/water_sanitation_health/publications/drinking - water - quality - guidelines - 4 - including - 1st - adden - dum/en/).

Zennegg, M. 2018. Dioxins and PCB in meat still a matter of concern? CHIMIA International Journal of Chemistry, 72(10):690 - 696.

附　　录

附录一　国际食品法典——动物饲养良好规范

（CXC 54—2004，2008 年修订）

第一章　引　　言

1. 本法典旨在为最大限度地降低对消费者健康的风险而建立贯穿整个食品链且涉及动物卫生和环境相关问题的产食性动物饲料安全系统。本法典除了采用国际食品法典委员会①已经制定的食品卫生标准外，还考虑到了动物饲养的特殊性。

第二章　目的和适用范围

2. 本法典的目的是通过坚持在养殖场实施《国际食品法典——动物饲养良好规范》，以及在产食性动物的饲料和饲料原料采购、处理、储存、加工和配送期间遵守良好生产规范，帮助确保供人类食用的食品的安全性。

3. 本法典适用于计划用于各类动物饲料和饲料原料的所有物料的生产和使用，无论它们是工业加工的还是养殖场自制的，也包括放牧或散养、草料作物生产和水产养殖。

4. 本法典包括与食品安全有关的动物卫生问题，但不包括动物福利问题。本法典还包括环境污染物的问题，这是因为如果饲料和饲料原料中含有这些污染物质会对产食性动物源性食品的消费者构成健康风险。

5. 虽然我们认识到，从整体上看，饲料安全系统除要处理消费者的健康问题外，还要处理动物卫生和环境问题，而本操作规范在履行国际食品法典保护消费者的使命方面，仅涉及食品安全问题。尽管如此，我们已尽最大努力确保本操作规范中的建议和规范不会损害动物饲养更为普遍的动物卫生与环境问题。

第三章　定　　义

6. 下列术语和定义适用于本法典：

饲料：是指直接饲喂产食性动物的任何单一或复合的物料，无论其是否经

---

① 《推荐性国际操作规范——食品卫生通用规范》（CAC/RCP 1—1969）。

过加工、半加工还是未加工。

饲料原料：是指用于制作饲料的任何组合物或混合物的组成部分或成分，无论其在动物日粮中有无营养价值，包括饲料添加剂。这些原料可以源自植物、动物或水生生物，或其他有机或无机物质。

饲料添加剂①：是指任何有意添加到饲料中、通常本身不单独作为饲料的原料，无论其有无营养价值，但可影响饲料或动物产品的特性。

加药饲料：是指任何含有《国际食品法典委员会程序手册》中规定的兽药的饲料。

不良物质：是指存在于饲料和饲料原料内部或表面，对消费者健康构成风险（包括与食品安全有关的动物卫生问题）的污染物和其他物质。

第四章　一般原则和要求

7. 应在稳定的条件下供应和储存饲料和饲料原料，以保护饲料和饲料原料在生产、加工、储存和运输过程中免受害虫或化学、物理或微生物污染物或其他不良物质的污染。饲料应处于良好状态，并符合普遍认可的质量标准。在适当情况下，应遵循良好农业规范、良好生产规范以及 HACCP 原则②（若适用），以控制食品中可能发生的危害。同时，还应考虑环境中可能存在的潜在污染源。

8. 饲料或饲料原料的生产方、产食性动物饲养方以及此类动物产品的生产方应互相合作，以确定对消费者健康的潜在危害及其风险水平。这种合作将有助于制定和维护适当的风险管理方案和安全饲养规范。

4.1　饲料原料

9. 应通过安全渠道采购饲料原料，如果饲料原料的生产工艺或技术到目前为止尚未通过食品安全评估，则应进行风险分析。应采用与《国际食品法典框架中应用的风险分析工作原则》③ 一致的分析程序。饲料添加剂生产商尤其应向用户提供明确的信息，使其正确和安全地使用饲料添加剂。对饲料原料的监测应包括采用基于风险的方案对不良物质进行检验、抽样和分析。在可能引起消费者健康危害的病原体、霉菌毒素、农药和不良物质的含量方面，饲料原料应符合可接受的且法定的标准（若适用）。

4.2　标签

10. 标签上的信息应清楚明了，应向用户说明如何处理、储存和使用饲料

---

① 根据使用目的和添加方法，微生物、酶、酸度调节剂、微量元素、维生素和其他产品都属于这一定义的范围。

② 危害分析和关键控制点见《推荐性国际操作规范——食品卫生通用规范》（CAC/RCP 1—1969）附件中的定义。

③ 《国际食品法典委员会程序手册》。

和饲料原料。标签应符合任何法定要求，应对饲料进行描述并提供使用说明。标签或随附文件应包含以下内容（若适用）：

- 有关饲料适用动物物种或类别的信息。
- 饲料的预期用途。
- 按含量比例递减顺序列出的饲料原料表，包括添加剂参照列表。
- 生产商或注册人的联系信息。
- 注册编号（如有）。
- 使用说明和注意事项。
- 批号识别码。
- 生产日期。
- 有效期。

11. 本节不适用于以现代生物技术生产的饲料和饲料原料的标签①。

4.3　饲料和饲料原料的溯源/产品追踪和记录保存

12. 如果发现对消费者健康构成已知或可能的不利影响，应通过适当的记录，及时有效地撤回或召回产品，从而实现对饲料和饲料原料（包括添加剂）的溯源/产品追踪。应保存有关饲料和饲料原料生产、配送和使用的记录，并可随时查阅，一旦发现产品对消费者健康构成已知或可能的不利影响，可向后回溯到饲料和饲料原料的上一个直接来源，并向前依次追踪到下一个接收方②。

4.3.1　适用于紧急情况的特殊处理方法

13. 如果饲料经营者认为某种饲料或饲料原料不符合本法典规定的饲料安全要求，应尽快以合理的方式通知本国的主管部门。信息应尽可能详细，至少应包括对问题性质的描述、对饲料或饲料原料的描述、适用的动物种类、批次标识、生产商名称和原产地。主管部门和经营者应立即采取有效措施，确保这些饲料或饲料原料不会对消费者的健康构成任何危险。

14. 一经发现某一特定饲料或饲料原料有可能在国际上进行贸易，且可能对消费者的健康构成危险，出口国的主管部门应至少通知相关进口国的主管部门。通知内容应尽可能详细，至少应包含前段所述的具体细节。

4.4　检查和控制程序

15. 饲料和饲料原料的生产商及业内其他相关部门应进行自我管理/自我

---

①　用现代生物技术生产的饲料和饲料原料是否要加标签以及如何加标签取决于食品标签领域的发展情况，食品法典委员会食品标签委员会正在考虑中。

②　应考虑制定有关溯源/产品追踪的详细措施：《溯源/产品追踪工具在食品检验和认证系统中的应用原则》（CAC-GL 60—2006）。

控制，以确保符合生产、储存和运输方面的标准。此外，主管部门也应制订基于风险的官方监管计划，来检查饲料和饲料原料的生产、分销和使用，以确保供人类食用的动物源性食品既安全又适宜。应使用检查和控制程序来核实饲料和饲料原料是否符合要求，以保护消费者免受食源性危害[①]。应按照对具体环境的客观风险评估来设计和实施检验系统[②]。最好采用与国际公认方法一致的风险评估方法。风险评估应以现有的科学证据为基础。

16. 无论是由行业还是官方检验机构进行的饲料和饲料原料监测，都应包括检查和抽样分析，以检测不良物质是否达到不可接受的水平。

4.5　与动物饲料有关的健康危害

17. 所有饲料和饲料原料均应符合最低安全标准。尤为重要的是，饲料和饲料原料中不良物质的含量必须足够低，即使这些物质存在于供人类食用的食品中，其浓度也始终低于令人担忧的水平。应适用《国际食品法典》规定的饲料最大残留限值和外来物质最大残留量。国际食品法典委员会制定的食品最大残留限值等标准可能有助于确定饲料的最低安全标准。

4.5.1　加药饲料中添加的饲料添加剂和兽药

18. 应对加药饲料中添加的饲料添加剂和兽药进行安全性评估，并按照主管部门预先批准的规定条件使用。

19. 加药饲料中添加的兽药应符合《关于对产食性动物使用兽药的国家监管食品安全保证计划的设计和实施指南》的规定[③]。

20. 应设定加药饲料中添加的饲料添加剂与兽药之间的界限，避免误用。

21. 接收、处理和储存饲料添加剂时，应保持其完整性，尽量减少滥用或不安全的污染。应严格按照明确规定的使用说明来使用含有这些添加剂的饲料。

22. 未经公共卫生安全评估，不得为了促进生长而在饲料中使用抗生素[④]。

4.5.2　饲料和饲料原料

23. 只有安全、合适的饲料和饲料原料才能进行生产、销售、储存和使用，且应按照规定使用，不得以任何方式对消费者的健康构成不可接受的风险。特别是，饲料和饲料原料如果受到不良物质污染且已达到不可接受的水平，应明确认定为不适合用于动物饲料，且不得销售或使用。

24. 不得以易于误导用户的方式展示或销售饲料和饲料原料。

[①] 《食品进出口检验和认证原则》（CAC/GL 20—1995）。

[②] 《食品进出口检验和验证体系的设计、运作、评估及认证指南》（CAC/GL 26—1997）。

[③] CAC/RCP 38—1993。

[④] 《世界卫生组织关于控制产食性动物抗生素耐药性的全球战略》，2000 年 6 月，瑞士日内瓦。

4.5.3　不良物质

25. 应发现、控制和尽量减少饲料和饲料原料中存在的不良物质，如工业和环境污染物、农药、放射性核素、持久的有机污染物、致病因子和毒素，如霉菌毒素。凡可能是牛海绵状脑病（BSE）致病源的动物产品[①]，均不得直接用于饲喂反刍动物或用于生产反刍动物饲料。应根据不良物质对食品安全的影响来评估为降低不可接受的不良物质水平而采取的控制措施。

26. 应对每种不良物质对消费者健康的风险进行评估，主管部门应设定饲料和饲料原料中不良物质的最大含量限值，或禁止将某些原料用于饲喂动物。

第五章　饲料和饲料原料的生产、加工、储存、运输和配送

27. 生产、加工、储存、运输和配送安全合适的饲料和饲料原料是饲料链中所有参与者的责任，包括农民、饲料原料生产商、饲料配料员、卡车司机等。饲料链中的每名参与者对其职责范围内的所有活动负责，包括遵守任何适用的法定要求。

28. 在作业过程中会影响到饲料和饲料原料的安全性且对消费者的健康造成不利影响的设施和设备不得用来生产、加工、储存、运输或配送饲料和饲料原料。由于水产养殖的独特性，在运用这些一般原则时，必须考虑到水产养殖和以陆地资源为基础的生产之间的差别。

29. 在适当情况下，饲料经营者应遵循良好生产规范以及 HACCP 原则（若适用），以控制可能影响食品安全的危害。这样做的目的是要确保饲料安全，在合理可行的前提下防止动物饲料和动物源性食品受到污染，尽管要完全消除危害往往是不可能做到的。

30. 应有效实施良好生产规范以及 HACCP 的方法（若适用），尤其应确保以下各方面得到妥善处理。

5.1　生产场所

31. 用于加工饲料和饲料原料的建筑物及设备，其构造方式应易于作业、维护和清洁，并尽量减少饲料污染。设计生产设施内的工艺流程时，也应尽量减少饲料污染。

32. 饲料生产中使用的水应符合卫生标准，水质应适合动物饮用。用于储水和输送水的水箱、水管和其他设备应采用适当的材料制成，且不得造成不安全的污染水平。

33. 处理污水、废水和雨水时，应避免对设备、饲料和饲料原料造成

---

①　世界卫生组织/联合国粮食及农业组织/世界动物卫生组织关于牛海绵状脑病的联合技术磋商会：公共卫生、动物健康和贸易，世界动物卫生组织总部，巴黎，2001 年 6 月 11—14 日。

污染。

5.2　接收、储存和运输

34.化肥、农药和其他不打算用于饲料和饲料原料的材料应与饲料和饲料原料分开存放，避免发生可能的生产错误从而造成对饲料和饲料原料的污染。

35.已加工的饲料和饲料原料应与未加工的饲料原料分开存放，并应使用适当的包装材料包装。接收、储存、运输饲料和饲料原料时，应尽量减少可能对食品安全造成不利影响的交叉污染的可能性。

36.应对饲料和饲料原料中存在的不良物质进行监测和控制。

37.应尽快运送、使用饲料和饲料原料。储存、运输所有饲料和饲料原料时，应尽量减少变质和污染，并能将正确的饲料供给合适的动物群。

38.在加工、储存、运输饲料和饲料原料的所有环节都应当注意，尽量减少变质和损坏。应采取特别预防措施防止真菌和细菌在湿饲料和半湿饲料中生长。在饲料和饲料原料的生产及加工设施中，应尽量减少冷凝现象。干饲料和饲料原料应保持干燥，防止真菌和细菌生长。

39.废弃的饲料和饲料原料以及其他含有不安全水平不良物质或任何其他危害物的物料不得用作饲料，而应以适当的方式进行处理，包括遵守任何适用的法定要求。

5.3　人员培训

40.所有参与饲料和饲料原料生产、储存、加工的人员均应接受充分培训，了解他们各自在保护食品安全方面的作用和责任。

5.4　环境卫生和虫害防治

41.应保持饲料和饲料原料、加工厂、储存设施及其周围环境的清洁，并实施有效的虫害防治计划。

42.用于生产、加工、运输、储存、输送、处理、称重的容器和设备应保持清洁。清洁计划应当有效，并尽量减少洗涤剂和消毒剂的残留量。

43.干饲料或饲料原料加工设备应在湿洗之后进行干燥。

44.在清洁湿和半湿饲料及饲料原料的加工设备时，应采取特殊预防措施，避免真菌和细菌生长。

5.5　设备性能和维护

45.饲料和饲料原料生产所用的所有称量和计量装置均应适合待测量的重量和容量范围，并定期测试其准确度。

46.饲料和饲料原料生产所用的所有混合机均应适合待混合的重量或容量范围，能够生产出合适的均质混合物和均质稀释物，并定期测试以验证其性能。

47. 饲料和饲料原料生产所用的所有其他设备均应适合待加工的重量或容量范围，并定期进行监测。

5.6　生产控制

48. 安排生产程序（如冲洗、排序和物理清洁）时，应当避免含有受控物质或其他潜在有害物质（如某种动物副产品粗粉、兽药）的各批次饲料和饲料原料之间发生交叉污染。这些程序还应该能够尽量减少加药饲料与未加药饲料之间和其他饲料之间发生交叉污染。如果交叉污染引起的相关食品安全风险很高，且使用适当的冲洗和清洁方法不足以清除污染，就应当考虑使用完全独立的生产线，以及运输、储存和送货设备。

49. 应在适当的情况下使用病原体控制程序，如热处理或添加经批准的化学品，并对生产工序中的相关步骤进行监测。

5.7　召回

50. 正如《国际食品法典——动物饲养良好规范》第 4.3 节所述，应保存饲料和饲料原料种类，以及配送情况相关记录和其他信息，以便在认为任何饲料或饲料原料对消费者的健康构成威胁时，可以快速地从市场上撤回，并追踪到暴露于相关饲料的动物。

第六章　在养殖场生产、使用饲料和饲料原料

51. 本章为养殖场和水产养殖场种植、生产、管理和使用饲料及饲料原料提供指导。

52. 用户应结合《国际食品法典——动物饲养良好规范》第四章和第五章的相关要求，使用本章内容。

53. 为帮助确保供人类食用的食品的安全，应在养殖场生产产食性动物饲料或饲料原料的牧草、谷物和草料作物的所有阶段实施良好农业规范[①]。水产养殖也应适用同样的原则（若适用）。在养殖场生产饲料和饲料原料的大多数阶段，有 3 种类型的污染是有危害的，即：

- 生物污染，如细菌、真菌和其他微生物病原体。
- 化学污染，如药物、农药、化肥或其他农业物质的残留。
- 物理污染，如断针头、机器零件和其他异物。

6.1　饲料的农业生产

54. 在天然牧场、改良牧场和栽培牧场的生产过程中，以及在用作产食性动物饲料或饲料原料的草料和谷类作物的生产过程中，应鼓励坚持遵守良好农业规范。遵守良好农业规范规定的标准将最大限度地减少生物、化学和物理污

---

① 联合国粮食及农业组织正在制定有关这一定义的指南。

染物进入食品链的风险。如果作物采收后，其残留和残茬用来放牧，或以其他方式进入食品链，也应将它们视为牲畜饲料。大多数牲畜会食用自己的一部分垫草。用作垫草的作物，如秸秆或木屑也应按照与动物饲料原料相同的方式进行管理。应实施良好牧场管理规范，如轮牧和撒施粪便，以减少动物群间的交叉污染。

6.1.1　选址

55. 动物饲料和饲料原料生产用地应远离工业生产区，这是因为邻近地区的空气、地下水或径流会受到工业污染，很可能会导致动物源性食品生产过程中发生食品安全风险。邻近地区的径流和灌溉水中的污染水平不得造成食品安全风险。

6.1.2　肥料

56. 如果给作物和牧草施用粪肥，应采用适当的处理和储存方式，尽量减少环境污染，以免对动物源性食品的安全造成不利影响。在施用粪肥后，应空置足够的时间再放牧或收割牧草（制备青贮饲料和干草），以便使粪便分解，并尽量减少污染。

57. 应正确使用粪肥、堆肥和其他植物营养素，以尽量减少对动物源性食品造成生物、化学和物理污染，以免对食品安全产生不利影响。

58. 处理、储存和使用化肥时，不得对动物源性食品的安全产生不利影响。

6.1.3　农药和其他农用化学品

59. 应从安全渠道获得农药和其他农用化学品。如果有监管制度，必须按照该监管制度的要求使用所有化学品。

60. 应按照生产厂家的说明书存放农药，并按照良好农业规范关于农药的使用要求来使用农药。农民必须认真按照生产厂家的说明书使用所有农用化学品。

61. 应以负责任的方式处理农药和其他农用化学品，不得污染任何水体、土壤、饲料或饲料原料，以免造成动物源性食品污染，对食品安全产生不利影响。

6.2　在养殖场生产饲料

6.2.1　饲料原料

62. 养殖场饲料生产商应按照《国际食品法典——动物饲养良好规范》第4.1节规定的适用指南，采购养殖场外部的饲料原料。

63. 养殖场内部生产的饲料原料应符合外购饲料原料的要求。例如，经过处理的种植种子不得用来饲喂动物。

6.2.2　混合

64. 养殖场饲料生产商应遵守《国际食品法典——动物饲养良好规范》第

5 章规定的适用指南。应特别注意《国际食品法典——动物饲养良好规范》第 5.6 节的内容。

65. 饲料混合过程中，应尽量减少饲料或饲料原料之间交叉污染的可能性，这种交叉污染可能会影响饲料或饲料原料的安全性或停药期。

6.2.3 监测记录

66. 养殖场饲料生产商应适当记录饲料生产程序，以协助调查可能与饲料有关的中毒、污染或疫病事件。

67. 除《国际食品法典——动物饲养良好规范》第 4.3 节中规定的其他适用记录外，还应记录购进的饲料原料、收货日期和饲料生产批次。

6.3 《动物饲养良好规范》

68. 动物饲养良好规范中规定的措施有助于确保在养殖场正确使用饲料和饲料原料，同时尽量减少动物源性食品对消费者造成的生物、化学和物理风险。

6.3.1 水

69. 饮用水和水产养殖用水的质量应适于养殖动物。如果有证据令人担心水会污染动物，应采取措施评估危害并尽量降低危害。

6.3.2 牧场放牧

70. 应对在牧场和农田中放牧进行管理，尽量减少生物危害、化学危害和物理危害对动物源性食品造成（可避免）的污染。

71. 在适当的情况下，在让牲畜采食牧草、农作物和农作物残茬之前，或每次轮流放牧前后，应留有足够的观察时间，以最大限度地减少粪便造成的生物学交叉污染。

72. 使用农用化学品的，经营者应当确保遵守规定的停药期。

6.3.3 饲养

73. 重要的是，应按照饲料使用说明，将正确的饲料饲喂给正确的动物群体。在饲喂过程中应尽量减少污染。为确保有效管理食品安全风险，应该记录给动物饲喂了什么料、何时饲喂等信息。

74. 应在规定的停药期（若有）开始之前，对采食过加药饲料的动物进行标识和管理，且必须保存这些工作记录。

应按照程序，确保将加药饲料运送到正确的地点，并饲喂给需要进行药物治疗的动物。如果下一步计划运送不同的加药饲料或非加药饲料或饲料原料，则运送和配送加药饲料的运输车辆和饲喂设备应在使用后进行清洁。

6.4 畜舍饲喂和分批/集约化饲喂单元

75. 动物生产单元的所在区域不得生产对动物和食品安全构成风险的动物源性食品。应注意避免动物接触受污染的土地和可能有潜在毒源的设施。

6.4.1　卫生

76. 应按照便于进行清洁的目的来设计动物生产单元。应定期彻底清洁动物生产单元和饲喂设备，以避免对食品安全造成潜在的危害。应按照说明书使用化学品，且所使用的化学品应适用于饲料生产设备的清洁和消毒。这些化学品应贴上合适的标签，并存放在远离饲料生产区、饲料储存区和饲喂区的地方。

77. 为最大限度地减少对食品安全的潜在危害，应制订控制虫害的制度，以防虫害侵入动物生产单元。

78. 在动物生产单元工作的操作人员和员工应遵守适当的卫生要求，最大限度地减少饲料对食品安全的潜在危害。

6.5　水产养殖①

79. 水产养殖涉及的品种比较广泛，如鳍鱼、软体动物、甲壳类动物、头足类动物等。水产养殖方式具有多样性，从公海大型网笼养殖到小型淡水池养殖，体现了水产养殖的复杂性。从幼苗到成体的各养殖阶段需要不同的饲料和不同的养殖方法，这更进一步体现了水产养殖的多样性。营养供给方式也多种多样，包括只饲喂水中自然生长的营养物质，以及使用精密设备和科学配方配制的配合饲料。

80. 为确保食品安全，应在养殖方法、养殖场所、技术、物料和所用饲料方面采取必要的预防措施，以尽量减少污染，从而减少食品危害。

第七章　抽样和分析方法

7.1　抽样

81. 应按照科学公认的原则和流程来制订抽样方案。

7.2　分析

82. 应采用科学公认的原则和流程来开发和验证实验室分析方法。选择分析方法时，还应考虑到实用性，优先选择可靠的、适合日常使用的方法。对饲料和饲料原料进行常规分析的实验室，应确保其对所用的每种分析方法都具备分析能力，并保存相关文件记录②。

---

① 水产养殖者应参考《鱼类和渔业产品操作规范》（CAC/RCP 52—2003）的相关章节，了解更多信息。

② 例如，通过 ISO 17025 质量保证体系等。

附录二　相关国际食品法典文本
（截至 2020 年 6 月）

标准

（http：//www. fao. org/fao - who - codexalimentarius/codex - texts/list -standards/en/）

《食品和饲料中污染物的通用标准》（CXS 193—1995）

《分析和抽样方法通用标准》（CXS 234—1999）

操作规范

（http：//www. fao. org/fao - who - codexalimentarius/codex - texts/codes - of -practice/en/）

动物饲养
《动物饲养良好规范法典》（CXC 54—2004）

抗生素耐药性
《最大限度降低与遏制食源性抗生素耐药性良好操作规范》（CXC 61—2005）

污染物
《减少产奶动物饲料原料及辅助饲料中的黄曲霉毒素 B_1 操作规范》（CXC 45—1997）

《降低食品中化学品污染的源头控制措施操作规范》（CXC 49—2001）

《预防与降低谷物中的真菌毒素污染操作规范》（CXC 51—2003）

《预防和减少食品/饲料中的二噁英、类二噁英多氯联苯、非类二噁英多氯联苯的操作规范》（CXC 62—2006）

《通过杂草控制预防和减少食品和饲料中的吡咯里西啶类生物碱的操作规范》（CXC 74—2014）

卫生
《食品卫生总则》（CXC 1—1969）

指南

（http：//www. fao. org/fao - who - codexalimentarius/codex - texts/guidelines/en/）

动物饲养

《饲料风险评估应用准则》（CXG 80—2013）

《供政府对饲料危害等级进行优先性排序的指南》（CXG 81—2013）

检查和认证体系

《食品安全紧急状况信息交流原则和准则》（CXG 19—1995）

《国家间有关拒收进口食品的信息交流准则》（CXG 25—1997）

《溯源/产品追踪工具在食品检验和认证系统中的应用原则》（CXG 60—2006）

《进口国和出口国对粮食贸易进行信息交流的原则和指南》（CXG 89—2016）

有机生产

《有机食品的生产、加工、标识和销售指南》（CXG 32—1999）

农药

《农药最大残留限量符合性测定的取样方法》（CXG 33—1999）

《农药残留分析良好实验室操作指南》（CXG 40—1999）

《食品和饲料中农药残留测定分析方法的性能标准指南》（CXG 90—2017）

兽药

《产食性动物兽药使用相关国家食品安全保障监管方案的设计与实施指南》
（CXG 71—2009）

《最大残留限量和风险管理建议》

（http：//www. fao. org/fao - who - codexalimentarius/codex - texts/max-
imum - residue - limits/en/）

《食品中兽药残留的最大残留限量和风险管理建议》（CXM 2）

《食品中兽药最大残留限量》

在线数据库

（http：//www. codexalimentarius. org/standards/vetehnary - drugs -
mhs/en/）

《食品和饲料中农药最大残留限量》

（http：//www. codexalimentarius. org/standards/pesticide - mrls/en/）

其他文本

（http：//www. fao. org/fao - who - codexalimentarius/codex - texts/mis-
cellaneous/en/）

农药（读者应将下述文件结合起来阅读）

《食品和饲料的分类》（CXA 4—1989）

《用于从农药最大残留限量外推至同组商品代表商品的选择原则和指南》（CXG 84—2012）

其他饲料相关文本

其他为确保食品安全而制定的文件可能也适用于饲料，读者可访问国际食品法典委员会网页查阅这些文件：http：//www. fao. org/fao‐who‐codexalimentarius/codex‐texts/en/，或者在国际食品法典委员会下设机构的网页专栏中查阅（相关标准）：http：//www. fao. org/fao‐who‐codexalimentarius/committees/general‐subject‐committees/en/。

附录三　联合国粮食及农业组织相关出版物

均衡饲养，提高牲畜生产力。提高产奶量和养分利用率，减少甲烷排放

https：//home. fao. org/3/i3014e/，DanaInfo＝www. fao. org＋i3014e00. htm

开展国家饲料评估

https：//home. fao. org/3/i3043e/，DanaInfo＝www. fao. org＋i3043e00. htm

基于作物残茬的强化全混合日粮——一种使用粮食作物副产品饲喂反刍动物的简便方法

https：//home. fao. org/3/i2728e/，DanaInfo＝www. fao. org＋i2728e00. htm

通过战略性动物饲养提高动物福利和农民收入——基于一些案例研究

https：//home. fao. org/3/i3164e/，DanaInfo＝www. fao. org＋i3164e00. htm

西非和中非萨赫勒地区的饲料均衡性评估

http：//www. fao. org/3/ca9111fr/CA9111FR. pdf

反刍动物供应链的温室气体排放：全球生命周期评估

https：//home. fao. org/3/i3461e/，DanaInfo＝www. fao. org＋i3461e00. htm

在养殖场控制食品和饲料谷物中的霉菌毒素

https：//home. fao. org/3/a1416e/，DanaInfo＝www. fao. org＋a1416e00. htm

反刍动物生产系统中饲料利用率的优化

https：//home. fao. org/3/i3331e/，DanaInfo＝www. fao. org＋i3331e00. htm

动物饲料工业蛋白来源

https：//home. fao. org/3/y5019e/，DanaInfo＝www. fao. org＋y5019e00. htm

饲料分析实验室微生物学质量保证

https：//home. fao. org/3/i3287e/，DanaInfo＝www. fao. org＋i3287e00. htm

发展中国家动物营养实践和技术的成功与失败

https：//home. fao. org/3/i2270e/，DanaInfo＝www. fao. org＋i2270e00. htm

通过畜牧业应对气候变化——对全球排放和减排机会的评估

https：//home. fao. org/3/i3437e/，DanaInfo＝www. fao. org＋i3437e00. htm

饲料分析实验室的设立与质量控制

https：//home. fao. org/3/i3535e/，DanaInfo＝www. fao. org＋i3535e00. htm

将热带地区罕见植物和植物成分作为动物饲料来源

https：//home. fao. org/3/i2629e/，DanaInfo＝www. fao. org＋i2629e00. htm

世界乳业动物饲养体系分布图

https：//home. fao. org/3/，DanaInfo＝www. fao. org＋a－i3913e. pdf

附录四　相关国家饲料生产规范

非洲

南非
动物饲料生产商协会（AFMA）
《动物饲料生产商协会行为准则》
https：//www. afma. co. za/afma – code – conduct/

《动物饲料生产商协会运输方案》
https：//www. afma. co. za/afma – transport – protocol/

《动物饲料生产商协会早期预警系统》
https：//www. afma. co. za/afma – early – warning – system/

《操作规范和准则》
https：//www. afma. co. za/codes – of – practice – guidelines/

亚太地区

澳大利亚
《澳大利亚饲料加工行业良好生产规范》
http：//www. sfmca. com. au/items/943/Q1. 3ver4CodeofGMP. doc

《欧洲饲料添加剂和预混合饲料质量体系第六版良好操作规范》
https：//fiaaa. com. au/fami – qs/and https：//fami – qs. org/code – 6 – 0. html

日本
《饲料良好生产规范（GMP）准则的制定》
www. famic. go. jp/ffis/feed/obj/Guidlines _ of _ GMP _ for _ Feed. pdf

欧洲

欧洲饲料生产商联合会（FEFAC）
《欧洲饲料生产商指南》（EFMC）
https：//www. fefac. eu/our – publications/good – practices/265/

欧洲饲料添加剂和预混合饲料质量体系（FAMI－QS）

《特种饲料原料质量和饲料安全体系-认证体系》

www. fami－qs. org/documents. htm

奥地利

奥地利农业市场营销有限责任公司

单一饲料的生产，配合饲料的生产、贸易、储存和运输以及可移动式碎粒机和混合机的运输

https：//b2b. amainfo. at/fileadmin/user＿upload/Dokumente/Alle＿Dokumente/Futtermittel/AMA－Futtermittelrichtlinie＿pastus＿Version＿2016＿％C3％84nderungen＿2020. pdf

捷克共和国

关于产食性动物用饲料添加剂、预混料和饲料的生产、储存和运输的国际食品法典委员会良好规范以及危害分析和关键控制点原则

https：//spkk. cz/image. ashx？i＝879003. pdf&.fn＝2007＿Codex＿of＿principles. pdf

丹麦

丹麦谷物饲料贸易协会（DAKOFO）

《家禽饲料生产和运输良好规范》

https：//www. dakofo. dk/media/1059/foderregelsaet＿27maj2014. pdf

法国

OQUALIM

OQUALIM 认证体系

https：//www. oqualim. com/en/certifications/oqualim－s－certification－programs

德国

质量保证体系

质量保证体系：《饲料工业指南》

https：//www. q－s. de/services/files/downloadcenter/4＿leitfaeden/futtermittelwirtschaft/lf＿fumi＿frei＿01012020＿d. pdf

卢森堡

OVOCOM

《饲料链联盟标准》

https：//ovocom. be/FCAAvantages. aspx？＿sys＝1

葡萄牙
葡萄牙动物配合饲料协会（IACA）
《产食性动物预混料和配合饲料厂良好操作规范》
https：//issuu. com/alimentacao _ animal/docs/guia _ boas _ pr _ ticas _ fabrico _ aca _ 2007

斯洛伐克
《斯洛伐克饲料生产、仓储与贸易协会：斯洛伐克饲料厂规范》
https：//www. uksup. sk/okvz－spravna－vyrobna－prax－haccp

斯洛文尼亚
斯洛文尼亚工商会（GZC）
《斯洛文尼亚饲料生产商法典》
https：//www. kgzs. si/uploads/dokumenti/strokovna _ gradiva/nacio-nalne _ smernice－krma _ 2007. pdf

西班牙
西班牙动物饲料加工厂协会（CESFAC）基金会
《质保标志——动物饲料认证》
https：//cesfac. es/media/attachments/2019/08/05/marca － de － garan-tia2. pdf

英国
农业产业联盟（AIC）
《通用饲料质量保证计划》
www. agindustries. org. uk/content. output/93/93/Trade％ 20Assurance/Trade％20Assurance％20Schemes/UFAS. mspx

拉丁美洲

巴西
SINDIRAGOES
《饲料和食品安全计划》
https：//sindiracoes. org. br/programa－feed－food/o－programa/

哥伦比亚
哥伦比亚农业研究所（ICA）
《动物源性食品良好生产规范》技术附件——2020 年 2 月 3 日第 61252 号决议，其中规定了关于动物饲料、饲料原料和其他食品制造商和进口商的登记要求和登记程序。

https：//www.ica.gov.co/getattachment/f7b59ff6-7bfc-477a-8110-40a14b80bd4e/2020R61252.aspx

附录五　国家饲料协会的作用及其建立

前　言

具有一定饲料工业规模的每个国家或地区通常都设有饲料协会。这些协会是由饲料行业创建的，目的是为了并代表饲料行业在许多问题上与各相关方开展协商合作。协会扮演着多种角色。大多数协会都是在政府的要求和施压下组建的，为饲料行业争取与政府对话的机会，以向政府更清晰地传达饲料行业的问题和需求。许多协会都将教育和培训作为职能目标之一，从而使业内专家有更多机会为整个饲料行业从业人员提供教育机会。

国家饲料协会在饲料/食品安全、审计和监管中的作用

世界各地的饲料协会与其各国政府一起承担了引领饲料工业制定饲料/食品安全计划的职责。这些饲料/食品计划中可能包括政府法规以及饲料行业自我审计或第三方审计的规定。

世界各地的消费者都有权利要求获得安全的食品。近年来，为了生产安全食品，人们呼吁动物蛋白制造行业证明其生产安全饲料的能力。20世纪80年代末到90年代暴发的牛海绵状脑病疫情把"用安全饲料生产安全食品"的问题提上了议事日程。二噁英、沙门氏菌和转基因生物等其他问题也迫使公众不得不关注饲料工业及其生产安全饲料的能力，从而确保生产安全食品。

饲料协会已经与各自国家政府合作，共同制定法规和审计方案，以使消费者对产食性动物源性食品充满信心。

建立协会的目的是为协会会员提供政治、教育、社会关系或公共关系等方面的服务，而这些服务是个人或单个企业无法提供的。饲料协会服务饲料工业已经有近100年的历史了。协会的使命和宗旨是集体共同高效地完成任务，比单枪匹马更为有效。

饲料协会的主要目标和任务应包括：

- 建立推动行业对话的平台。
- 树立政治影响力。
- 制定对饲料行业有益的政策。
- 制定行业标准，赢得客户和消费者的信任。
- 为饲料行业提供专项教育机会。
- 为企业或个人提供搭建关系网络的机会。

- 协调公共关系信息，引导公众舆论。
- 集中资源研发新产品或开拓新市场。
- 与政府官员保持联络。
- 调解行业纠纷。
- 协调研究项目。
- 组织会议或论坛，促进讨论和对话。
- 搭建买卖双方平台。

要创建饲料协会，发起人代表应在无外来威胁、坚持中立立场的前提条件下，一起商讨成立这样一个协会的需求和作用。

通常，为新协会撰写"使命宣言"是各会员达成共识的最佳方式。"使命宣言"应简短、清晰、明了。例如，新饲料协会的"使命宣言"可以是："本饲料协会的使命是为饲料行业企业建立对话机制，致力于谋取共同利益。"

各成员就饲料协会成立的必要性达成共识后，就可以启动协会成立流程。饲料协会成立流程包括根据法律规定成立一家公司。协会可能是一家"非营利性"机构，通常具有特定法律地位。

一旦确定了协会的使命和宗旨，就需要编制更具体的各项目标，并得到所有潜在成员的同意和充分理解。新协会的目标最好是非常简单且有限的。与所有新机构一样，过重的负担和过高的期望往往会适得其反。

应制定新饲料协会的组织章程，确立组织结构。组织章程应包括以下部分：

- 协会名称。
- 目标和宗旨。
- 会员资格。
- 委员会的授权。
- 会费结构。
- 会议要求。
- 董事和高级职员的选举。
- 董事和高级职员的职责范围及权力。
- 投票表决或协会决议规定。
- 赔偿。
- 修订。

建议在相关章节中详细描述以下信息：

协会名称，协会名称应描述行业和范围，如（国家、集团或地区名称）饲料协会。应考虑使用首字母缩略词，因为大多数协会是以缩写命名并对外宣传的。

目标和宗旨，目标应易于理解、简洁和可实现的。例如，"协会的目标是代表行业与政府机构沟通，代表行业谋求发展，并向消费者和客户展示行业地位，同时还为行业提供专项教育机会。"

会员资格，根据要实现的协会目标，会员人数可多可少。如果会员来源非常广泛，政治影响力和会费基数就会较大，但可能更难达成共识。如果会员来源较少，则政治影响力就较小，会费基数就较低，但可能更容易就行业政策达成共识。

会员来源较少的，协会会员可能仅包括销售饲料的饲料生产商。会员来源较广泛的，则会员可能包括生产供销售或自用饲料的饲料商、微量及宏量饲料原料供应商、设备制造商和服务提供商。

委员会的授权，根据协会组织章程的规定，应设立委员会。委员会可以基于单一特定目的或长期技术目的而设立。组织章程应赋予组建、招募和解散委员会的权力。

会费结构，会费结构需要在确认会员来源后决定。公正和公平是任何一种会费结构的关键因素。大会员应该比小会员承担更多份额的会费；但是，小会员也应该承担比例公正公平的会费，所有会员除了缴纳会费外，都必须积极参加协会的活动，体现主人翁的态度。对待饲料行业供应商也应一视同仁。

会议要求，会议要求通常由公司法规定。如果有必要召开年会，必须在组织章程中规定这些条款。在组织章程这一章节中必须确定会议的时间、地点、频率以及召集人。

董事和高级职员的选举，这一章规定了董事人数，如何选举董事，以及董事的任期。根据不同的会员情况，可能需要规定各类会员（如饲料生产商、原料供应商、设备供应商等）的平等代表权。组织章程这一章节应规定须设立的高级职员职位（主席、总裁、秘书、财务主管等），以及如何遴选、选举和更换这些职员。

董事和高级职员的职责范围及权力，这一章规定了会议的召集、主持、活动记录、员工聘任、开立银行账户、签署支票等。此外，还规定了法定人数。

投票表决或协会决议规定，这一章规定了会员如何通过邮箱、电子邮件、电话、亲自或通过代理等方式进行投票。如果对任何决策需要进行过半数票表决，应在这一章说明这些情况。

赔偿，这一章应规定协会对董事、高级职员、员工或会员之间的法律纠纷进行赔偿的条款，包括律师费。

修订，这一章应规定如何修订或更改组织章程。饲料协会一旦成立，就可以开展业务。大多数饲料协会最初都是由会员自发建立和运营的。使会员了解到协会为会员服务的内容和方式是很重要的。

协会应考虑书面制定以下各项政策和程序：

制定政策，由谁制定以及如何制定官方政策并进行沟通。这些通常由董事会负责完成。

政府交流计划，此计划应说明饲料工业中的重要问题，以及相关组织应如何进行沟通并如何影响政府。

入会计划，为吸引、招募和留住准会员而制定的书面计划，该计划应规定如何、何时以及由谁开具会费账单。

沟通计划，与会员、政府和消费者沟通的书面计划。该计划包括由谁撰写、由谁发送信息，以及此类工作应多长时间进行一次。入会计划中可包括沟通计划。沟通计划应包括会员名录、年度报告、网址和领导人员名单等方面的规定。

协会管理，该计划详细规定了组织章程中关于由谁、如何以及何时选举协会领导，何地及何时召开会议以及领导层如何回应饲料行业关切等相关条款。

员工手册，员工手册规定了员工应遵守的规章制度和员工福利。

饲料协会为饲料和饲料原料行业提供了许多机会，推进了行业目标的实现。对领导层和协会准会员来说，发展一个有影响力的饲料协会是一项艰巨的工作，但也是一项非常有意义的工作。良好的协会可以帮助维持饲料行业和消费者良好的关系，增强消费者对饲料行业的信心，为消费者提供安全的肉、奶和蛋。

此外，可以考虑建立跨国或跨地区的饲料协会，特别是在国家已经打破国界限制，或饲料行业或饲料原料行业已经跨越国界的情况下。建立跨国饲料协会的大部分决策流程与建立国家饲料协会的决策流程相同。然而，还需要考虑更多因素，其中包括：

- 语言。
- 总部所在国。
- 法律和协会结构。
- 通信问题，邮政、电话、电子邮件等。
- 会议地点轮换，防止出现主导国家。
- 国际差旅费。
- 不同汇率的会费结构。
- 国家间的政治差异。

由于国家间的规范可能会不同，跨国饲料协会必须有非常明确的使命、宗旨和目标。重要的是，应避免任何国家饲料部门被赋予不成比例的影响力，因为这将造成权力失衡，并影响协会和谐、有效地发挥其作用。

建立跨国饲料协会最重要的因素是透明度和沟通。建立跨国饲料协会面临的问题很复杂，也需要时间来解决其带来的很多独特问题。然而，建立跨国饲料协会将会为饲料行业带来巨大的利益。

国家饲料协会组织章程草案

前言和组织章程

通常情况下，行业协会可以有效地协助快速召回有安全问题的饲料原料或饲料。为此，应鼓励各国根据各自国情成立饲料协会。

国家饲料协会组织章程必须符合国家有关法律、法规。在设立国家饲料协会时可能会用到以下组织章程大纲。

第一条　名　　称

第一节：协会的名称为（国家名称）国家饲料协会（NFA）。协会应根据所在国的法律设立。

第二条　使命、目标和宗旨

第一节：国家饲料协会的使命：国家饲料协会的使命是建立饲料企业间的对话，服务于行业共同利益，解决饲料安全问题。

第二节：国家饲料协会的目标和宗旨是：

1. 建立饲料行业对话和讨论平台。
2. 向政府机构传达行业意愿。
3. 引领行业发展，向消费者和客户展示行业地位。
4. 为饲料行业提供专项教育机会。
5. 为主管部门提供向饲料行业宣传安全信息的途径。

第三条　会员资格

第一节：资格，任何生产饲料或饲料原料，销售饲料或饲料原料或供应畜禽饲料或水产饲料行业的企业均有资格成为会员。

第二节：投票权，每名会员均有一票表决权资格。每名会员均应向国家饲料协会秘书处指定官方投票代表。

第三节：会员应每年定期选举董事会。获得过半数票的当选。

第四节：会员任期，只要继续缴纳由国家饲料协会董事会核准的会费，会员资格就可以一直延续。

第四条　董事和高级职员

第一节：国家饲料协会会员选举董事会来负责协会管理工作。

第二节：董事会应固定人数，至少3人。

第三节：董事会任期3年。董事会成员可以连任，但通常不会超过两个连续任期。

第四节：高级职员，国家饲料协会设立一名主席、一名秘书和一名财务主管。一人可以兼任数职，但主席和秘书不能是同一个人。

第五节：由董事会选举高级职员。

第六节：董事会可不定期增补高级职员。

第五条　董事会和高级职员的职责和权力

第一节：董事会的职责，董事会是国家饲料协会的管理机构。董事会负责管理饲料协会的财产、业务和制订政策。董事会有权成立委员会。董事会可聘请或解雇协会普通员工和高级职员。

第二节：董事会会议，董事会每年至少召开一次会议，会议地点由董事会多数表决同意决定。董事会会议由董事会主席召集。董事会会议可由董事会主席、秘书或者任意两名会员召集。

第三节：法定人数，董事会投票过半数成员将视为达到法定人数。董事亲自投票或委派代表投票均可。

第四节：主席的职责，主席或者指定的副主席负责主持董事会会议。

第五节：秘书的职责，董事会秘书应保存协会的正式记录，包括但不限于董事会会议记录、会员名册和董事会文件。秘书应履行由主席委派的其他职责。

第六节：财务主管的职责，财务主管负责协会资金的管理工作。财务主管应定期对各项收入和支出进行全面核算，并履行分配的其他职责。

第七节：其他高级职员的职责。经正式选举产生的其他高级职员均应履行由主席或董事会分配的职责。

注：对于饲料行业企业数量较少且不需要大型正式协会的国家，应对以下各条款进行简化。

第六条　委员会和会议

第一节：应设立董事会和高级职员提名委员会。董事会和高级职员提名委员会应至少由 3 名、但不超过 7 名成员组成。提名委员会的大多数成员不得同时担任董事会董事或高级职员。

第二节：董事会和高级职员提名委员会负责董事会成员提名，并在选举前 15 天提交提名名单。

第三节：可接受董事会独立提名，但必须在选举前 10 天提交提名名单。

第四节：董事会批准设立的任何其他委员会均具有为本协会服务的权利。

第五节：董事会主席或会长任命委员会主席和首届委员会成员。

第六节：委员会应在多数委员同意的会议时间和地点召开会议。

第七节：应在董事会批准的时间和地点召开年会，并应至少提前 30 天通知会员。

第八节：可采用信件、电子邮件、传真或电话通知会议信息。

第九节：全体会员人数的 10% 将构成法定人数。

第七条　会　　费

第一节：每名会员的会费标准和缴费基数由董事会决定。对未缴纳会费的会员，将在会费到期后 60 天内以书面形式通知。如果在其收到通知后 60 天内仍未缴纳会费，则终止其会员资格。

第八条　赔　　偿

第一节：协会应对任何代表协会或董事会或由其授权发言或行事而成为起诉方或威胁成为起诉方的董事、高级职员或工作人员做出赔偿。

第二节：协会应为上述第一节所述人员进行辩护或支付法律辩护费。

第九条　其　　他

第一节：印章，协会印章由董事会设计、使用。印章在必要时应作为协会的标志。

第二节：年度，协会年度为每年的 1 月 1 日至 12 月 31 日。

第三节：修订，本章程的修订、废止或者变更可由董事会 2/3 的成员投票决定。在对本章程进行任何变更、修订或改变前，必须提前 20 天通知所有董事会会员。

联合国粮食及农业组织畜牧生产及动物卫生手册

1. Small – scale poultry production，2004（En，Fr）

2. Good practices for the meat industry，2004（En，Fr，Es，Ar）

3. Preparing for highly pathogenic avian influenza，2007（En，Ar，Es^e，Fr^e，Mk^e）

3. Revised version，2009（En）

4. Wild bird highly pathogenic avian influenza surveillance – Sample collection from healthy，sick and dead birds，2006（En，Fr，Ru，Ar，Ba，Mn，Es^e，Zh^e，Th）

5. Wild birds and avian influenza – An introduction to applied field research and disease sampling techniques，2007（En，Fr，Ru，Ar，Id，Ba）

6. Compensation programs for the sanitary emergence of HPAI – H5N1 in Latin American and the Caribbean，2008（En^e，Es^e）

7. The AVE systems of geographic information for the assistance in the epidemiological surveillance of the avian influenza，based on risk，2009（En^e，Es^e）

8. Preparation of African swine fever contingency plans，2009（En，Fr，Ru，Hy，Ka，Es^e）

9. Good practices for the feed industry – implementing the Codex Alimentarius Code of Practice on good animal feeding，2009（En，Zh，Fr，Es，Ar）

10. Epidemiología Participativa – Métodos para la recolección de acciones y datos orientados a la inteligencia epidemiológica，2011（Es^e）

11. Good Emergency Management Practice：The essentials – A guide to preparing for animal health emergencies，2011（En，Fr，Es，Ar，Ru，Zh，Mn^{**}）

12. Investigating the role of bats in emerging zoonosese – Balancing ecology，conservation and public health interests，2011（En）

13. Rearing young ruminants on milk replacers and starter feeds，2011（En）

14. Quality assurance for animal feed analysis laboratories，2011（En，Fr^e，Ru^e）

15. Conducting national feed assessments，2012（En，Fr）

16. Quality assurance for microbiology in feed analysis laboratories，2013（En）

17. Risk – based disease surveillance – A manual for veterinarians on the design and analysis of surveillance for demonstration of freedom from disease, 2014（En）

18. Livestock – related interventions during emergencies – The how – to – do – it manual，2016（En）

19. African Swine Fever：Detection and diagnosis – A manual for veterinarians，2017（En，Zh，Ru，Lt，Sr，Sq，Mk，Es）

20. Lumpy skin disease – A field manual for veterinarians, 2017（En，Ru，Sq，Sr，Tr，Mk，Uk，Ro，Zh）

21. Rift Valley Fever Surveillance，2018（En，Fr，Ar）

22. African swine fever in wild boar ecology and biosecurity，2019（En，Ru**，Fr**，Es，Zh**，Ko，Lt）

23. Prudent and efficient use of antimicrobials in pigs and poultry，2019（En，Ru，Fr**，Es**，Zh**）

24. Good practices for the feed sector – Implementing the Codex Alimentarius Code of Practice on Good Animal Feeding，2020（En）

联合国粮食及农业组织动物卫生手册

1. Manual on the diagnosis of rinderpest，1996（En）
2. Manual on bovine spongifom encephalophaty，1998（En）
3. Epidemiology，diagnosis and control of helminth parasites of swine，1998（En）
4. Epidemiology，diagnosis and control of poultry parasites，1998（En）
5. Recognizing peste des petits ruminant – a field manual，1999（En，Fr）
6. Manual on the preparation of national animal disease emergency preparedness plans，1999（En，Zh）
7. Manual on the preparation of rinderpest contingency plans，1999（En）
8. Manual on livestock disease surveillance and information systems，1999（En，Zh）
9. Recognizing African swine fever – a field manual，2000（En，Fr）
10. Manual on participatory epidemiology – method for the collection of action – oriented epidemiological intelligence，2000（En）
11. Manual on the preparation of African swine fever contigency plans，2001（En）
12. Manual on procedures for disease eradication by stamping out，2001（En）
13. Recognizing contagious bovine pleuropneumonia，2001（En，Fr）
14. Preparation of contagious bovine pleuropneumonia contingency plans，2002（En，Fr）
15. Preparation of Rift Valley Fever contingency plans，2002（En，Fr）
16. Preparation of foot- and -mouth disease contingency plans，2002（En）
17. Recognizing Rift Valley Fever，2003（En）

可获得日期：2020 年 11 月

Ar——阿拉伯语	Ka——格鲁吉亚语	Ru——俄语
Ba——巴什基尔语	Ko——韩语	Sq——阿尔巴尼亚语
En——英语	Lt——立陶宛语	Sr——塞尔维亚语
Es——西班牙语	Mk——马其顿语	Th——泰语
Fr——法语	Mn——蒙古语	Tr——土耳其语
Hy——亚美尼亚语	Pt——葡萄牙语	Uk——乌克兰语
Id——印度尼西亚语	Ro——罗马尼亚语	Zh——中文

Multil——多语种　　　**——准备印刷　　　e——电子出版物
*——停止印刷

联合国粮食及农业组织畜牧生产及动物卫生手册可通过联合国粮食及农业组织授权的销售代理或直接从联合国粮食及农业组织市场营销组获得，地址：Viale delle Terme di Caracalla，00153 Rome，Italy。

图书在版编目（CIP）数据

饲料工业良好规范手册：实施〈国际食品法典——动物饲养良好规范〉/联合国粮食及农业组织，国际饲料工业联合会编著；王栋等译. —北京：中国农业出版社，2022.12
（FAO中文出版计划项目丛书）
ISBN 978-7-109-30338-6

Ⅰ.①饲…　Ⅱ.①联…②国…③王…　Ⅲ.①饲料工业－法规－中国－手册　Ⅳ.①D922.404

中国国家版本馆 CIP 数据核字（2023）第 006440 号

著作权合同登记号：图字 01－2022－4079 号

饲料工业良好规范手册：实施《国际食品法典——动物饲养良好规范》
SILIAO GONGYE LIANGHAO GUIFAN SHOUCE：SHISHI《GUOJI SHIPIN FADIAN——DONGWU SIYANG LIANGHAO GUIFAN

中国农业出版社出版
地址：北京市朝阳区麦子店街 18 号楼
邮编：100125
责任编辑：郑　君　　文字编辑：耿韶磊
版式设计：杜　然　　责任校对：张雯婷
印刷：北京中兴印刷有限公司
版次：2022 年 12 月第 1 版
印次：2022 年 12 月北京第 1 次印刷
发行：新华书店北京发行所
开本：700mm×1000mm　1/16
印张：12.75
字数：245 千字
定价：78.00 元

版权所有·侵权必究
凡购买本社图书，如有印装质量问题，我社负责调换。
服务电话：010－59195115　010－59194918